Ganz schön
dumm
gelaufen

Pat Lauer

Ganz schön dumm gelaufen

Pechvögel und Irrtümer der Geschichte

GONDROM

Produktion: Medienagentur Drews, Augsburg
Redaktion: Christiane Schlüter, Augsburg
Layout, Illustrationen: Bert K. Roerer, Augsburg
Covergestaltung: Norbert Pautner, München

013

ISBN 3-8112-2673-8

5 4 3 2 1

www.gondrom-verlag.de

Zur Einführung

Warum macht es Spaß, über Verlierer zu lesen? Nun: Gewinner sind oft langweilig. In den Lebensläufen der Verlierer hingegen steckt das pralle Leben mit all seinen Zufällen – den komischen wie den tragischen. Hier stecken die echten, die spannenden Geschichten. Wir lesen sie mit Neugier, Schaudern, aber auch Mitleid: So kann es gehen ...

Zumal die richtigen Verlierer ja alle auch irgendwie Gewinner sind – nur eben verhinderte Gewinner. Welche, die unterwegs waren, aber vom Weg abgekommen sind. Die von eigenen Trieben, von neidischen Mitmenschen oder schlicht von den Ereignissen der Geschichte überrollt wurden.

Verlierer hat es zu allen Zeiten gegeben: in der Wirklichkeit wie in der Fiktion – den Mythen und der Literatur. Als beispielsweise Homer die *Ilias* und die *Odyssee* schrieb, muss er schon geahnt haben, dass man sich über drei Jahrtausende später auf die Suche nach den spektakulärsten Verlierern der Geschichte machen würde. Seine Helden hätten faire Chancen, in den inoffiziellen Charts der Loser etliche der vorderen Plätze zu belegen. Das beginnt schon mit Herrn Paris, der sich als einziger Juror auf einen Schönheitswettbewerb zwischen drei Damen einlässt, den damit einhergehenden Zickenterror sträflich unterschätzt und dadurch letztlich sogar einen Krieg auslöst. Das endet noch längst nicht bei Achilles und seiner höchst anfälligen Ferse und wenn man davon ausgeht, dass jeder Mann sich mal verfährt und ungern nach dem Weg fragt, so hält Odysseus diesbezüglich einen einsamen Rekord, auf den er nicht besonders stolz sein dürfte. Auf ihn wird dieses Buch noch genauer eingehen.

Die absolute Nummer 1 unter den antiken Verlierern ist allerdings ein König namens Ödipus. Nicht nur, dass er zu Beginn der von Sophokles verfassten Tragödie die Pest in der Stadt hat, nein, er wird vom Orakel auch noch dazu auserkoren, den Mord an seinem Vorgänger aufzuklären, wobei sich herausstellt, dass er selbst jener Täter war, der den Ex-König Laios in den Hades befördert hatte. Erschwerend kommt hinzu, dass er, Ödipus, dabei unwissentlich den eigenen Vater über den Styx geschickt und daraufhin dessen Witwe und somit seine eigene Mutter geehelicht hat. Mit dem Satz „schlimmer geht's nimmer“ ist dieser Alptraum kaum genügend umschrieben und dass Ödipus sich angesichts der titanischen Ausmaße seiner persönlichen Tragödie zu deren Ende selbst entleibt, darf ihm wohl kaum verübelt werden.

Ein Tummelplatz für Verlierer aller Art ist auch die Spielwiese der Macht – die Politik in all ihren Facetten. Hier nach jenen Dingen zu suchen, die „dumm gelaufen“ sind, ist ungefähr so, als würde man im Wald nach Bäumen forschen. Politische Fehler werden zuhauf gemacht, doch werden sie stets nur von denjenigen angeprangert, die sie nachweislich nicht begangen haben können. So man also Politik auf ihren Nutzen hin beurteilen will, sieht man sich bald mit dem Vorwurf der Parteinahme konfrontiert, gerät in den Verdacht, der einen Seite gegenüber loyaler zu sein als der anderen.
Diesen Eindruck jedoch gilt es in vorliegendem Buch zu vermeiden und so darf als Beispiel für einen politischen Verlierer vorab eine Episode herhalten, die sich im Januar 1968 ereignet hat und vom Politmagazin *Spiegel* veröffentlicht wurde. Es handelt sich um den stets für verbale Entgleisungen guten damaligen Bundespräsidenten Heinrich Lübke. Dieser war ein enger Freund des Präsidenten der westafrikanischen Republik Togo, Sylvanus Olympio, gewesen, der 1963 von putschenden Militärs erschossen worden war. Wie der *Spiegel* berichtete, sprach Lübke während seines Neujahrsempfangs den Botschafter des südafrikanischen Königreichs Lesotho,

Kotsokoane, mit der Bemerkung an, sein alter Freund Olympio sei ja von „Ihrem Präsidenten“ ums Leben gebracht worden. Der Botschafter soll ziemlich konsterniert reagiert und versichert haben, dass das nicht sein könne. Lübke ließ sich von seiner Meinung aber nicht abbringen. Als der Botschafter schließlich darauf verwies, dass sein Präsident doch noch lebe, präzisierte Lübke: Nein, er meine ja den Vorgänger, der sei umgebracht worden. Umsonst verwies der Botschafter nun darauf, dass sein Präsident noch gar keinen Vorgänger habe, da Lesotho erst vor eineinhalb Jahren unabhängig geworden sei. Lübke wischte das Argument kurzerhand vom Tisch: Das seien doch wohl alles nur billige Ausreden.

Ja, der Lübke. Das waren noch Zeiten. Die folgende Begrüßung jedoch soll man ihm nur untergeschoben haben – angeblich stammt dieses Zitat gar nicht von ihm. Der Vollständigkeit halber bleibt es hier dennoch nicht unerwähnt: „Sehr verehrte Damen und Herren, liebe Neger.“ Ach ja, der Lübke. Damals ...

Ein Mann der Leibesertüchtigung war er allerdings nicht, der Lübke, wenngleich er dem Sport auch durchaus nicht ablehnend gegenüber stand. Gerade der Sport nämlich ist wie geschaffen für Triumphe, aber eben auch für Tragödien, für Tränen, Trotz und Trauer. Im Sport gibt es eine stattliche Reihe von Begriffen, um erlebtes oder erlittenes Unglück zu umschreiben. Dies beginnt mit dem schlichten Wort „Niederlage“ – zu dem wahlweise ein „knappe“ oder „deutliche“ hinzugefügt werden kann – und endet noch längst nicht mit dem Begriff „Debakel“. Der Sport ist verantwortlich für Wortschöpfungen wie „Favoritensterben“ oder „Einbruch auf der Zielgeraden“.

Am bildgewaltigsten sind jedoch jene Vergleiche, die religiöse Komponenten haben. Mit ihnen werden häufig Ereignisse illustriert, für deren scheinbare Tragweite und gleichzeitige

Unfasslichkeit dem Reporter ansonsten die Bezeichnungen ausgingen. Gelingt beispielsweise einer Fußballmannschaft in den letzten Minuten eines Spiels die nicht mehr für möglich gehaltene Wende zum Sieg, so sind die Spieler lazarusgleich soeben „von den Toten auferstanden". Geschieht dies jedoch in anderer, eben umgekehrter Richtung – verliert also ein Mannschaft in letzter Sekunde einen sicher geglaubten Titel –, so ist sie womöglich „in Schönheit gestorben", wurde „ans Kreuz genagelt" oder von „himmlischen Mächten" bestraft. Selbst ein ominöser Fußballgott wird in solchen Momenten gerne bemüht.

Niederlagen tun eben dann besonders weh, wenn niemand mit ihnen rechnet, weil sie wie aus dem Nichts entstehen, weil es keine Erklärung für sie gibt. So ergeht es im Jahr 1954 der angeblich unschlagbaren ungarischen Nationalmannschaft. Damals liegen die Budapester Volkshelden Grosics, Hidegkuti, Puskas und Co. im Finale der Weltmeisterschaft in der Schweiz gegen den krassen Außenseiter Deutschland schon mit 2:0 in Führung ... und verlieren doch mit 2:3. Für Deutschland ist dies das „Wunder von Bern" – für die konsternierten Ungarn, die jahrelang nicht mehr verloren hatten, bricht eine Welt zusammen. Der Sport, aber auch das Selbstbewusstsein des Landes erholen sich nie mehr von diesem Schock des Juli 1954 – in Deutschland hingegen beginnt die Blütezeit des Fußballs, die nicht nur zufällig mit dem Erblühen des Wirtschaftswunders zusammen fällt. Da sage noch jemand, es sei doch „nur" Sport, es sei doch nur ein Spiel ...

Spielerisch und gleichwohl realitätsnah kommen auch die Comics daher, die in diesem Buch ebenfalls nicht fehlen dürfen. Comics präsentieren einen Alltag, der der Unsere sein könnte, hätten seine Protagonisten nicht gelbe Köpfe, Entenschnäbel oder Zaubertränke vorzuweisen. Demnach

werden auch die üblichen Klischees bedient, die da „gut“ und „böse“, „Held“ und „Schurke“, „Gewinner“ und „Verlierer“ heißen. Zuweilen verlaufen die Grenzen fließend, doch in aller Regel weiß man schon von vornherein, für wen es am Ende des jeweiligen Bilderabenteuers heißen wird: „Dumm gelaufen“.
Der liebenswerteste Verlierer der Comicwelt ist möglicherweise ein fröhlicher Franzose namens Gaston. Wir wissen nicht, ob der Pariser Bürobote eines großen Verlages ein Vorbild in der Realität hat – sollte das der Fall sein, wäre es lohnend, diesen Pfiffikus einmal kennen zu lernen. Denn Gaston vereinigt zwei Eigenschaften in seinem schmächtigen Körper, deren Kombination zu erstaunlichen Resultaten führt: Faulheit und Erfindungsreichtum.
Wunderbar erfahrbar ist dies im neunten Band der Gaston-Erlebnisse Carlsen Comics, in dem Gaston sein neues Bürosofa vorstellt. Braun und riesig, unförmig, dabei ungemein bequem, so prangt dieses von Gaston in mühevoller Arbeit und mittels hocheffizienter Schneiderkunst entwickelte Möbelstück nun im Aufenthaltsraum. Die von Gaston heimlich angehimmelte Fräulein Trudel lässt sich begeistert hineinplumpsen, Zeichner Krause schwärmt vom innovativen Design und auch wenn Gastons Erzfeind Demel zunächst eher gelangweilt reagiert, lässt doch auch er sich widerwillig vom Ideenreichtum seines Angestellten begeistern, zumal dessen Arbeitsumfeld ausnahmsweise recht ordentlich aussieht. Dann jedoch – erwartungsgemäß – folgt die Katastrophe. Mit Schwung wirft sich nun Gaston selbst auf seine Kreation. Deren Reißverschluss platzt auf und ... heraus quellen Hunderte und Aberhunderte von Briefen, Memoranden und Hausmitteilungen! Gaston hat als Füllung für sein Sofa jene von ihm zu bearbeitende, zu verteilende und weiterzuleitende Post benutzt. Er hat sich viel Arbeit gemacht, um einer anderen Arbeit zu entgehen. Sein Erfindungsreichtum ließe sich also durchaus loben, doch das Ergebnis seiner Bemühungen spricht seinen Anstrengungen

Hohn: Er ist und bleibt ein Underdog, ein Verlierer, ein Antiheld – eine Rolle, die nicht nur ihm auf den Leib gezeichnet wird.

Aber nicht nur für die Antihelden der Sprechblasen finden sich in diesem Buch etliche Beispiele, sondern auch für die Protagonisten der Kultur und der Medienwelt. Nein, dieses Buch soll keine Bühne sein für die Fünf-Minuten-Terrinen der geschmacksverstärkten Instantkultur.
Wir beschäftigen uns mit denen, die ein Stück vom Kuchen verdient gehabt hätten und nicht richtig zugegriffen haben, oder auch mit jenen, die zu Recht gefeiert und zuweilen zu Unrecht gestürzt wurden. Bevor's jetzt pathetischer wird, sei in aller Kürze auf einen verwiesen, der es mit Humor nimmt. Johnny Cash, Legende der Countrymusik, antwortete auf die Frage, was ihm Berühmtheit bedeute: „Herrgott, ich werde sowieso dauernd für Johnny Cash gehalten. Fragen Sie jemand anderen."
Ein Stück vom Kuchen verdient zu haben und doch leer ausgegangen zu sein – dieses Schicksal hat nicht zuletzt viele Literaten und Maler getroffen. Einige von ihnen finden sich in diesem Buch wieder. Gibt es doch kaum eine tragischere Art, zu verlieren, als jene, verkannt zu werden, zu früh geboren worden zu sein – oder zu früh zu sterben, wie es nicht wenigen Genies ergangen ist ...

Ach ja, eines noch, bevor es richtig losgeht: Dieses Buch ist in 13 Kapitel unterteilt – mit Bedacht natürlich. Ist doch die 13 die Unglückszahl. Und nun viel Spaß beim Lesen, bei der Begegnung mit den Pechvögeln, den Unglücksraben, den Verlieren dieser Welt!

1. Gestolpert

Philipp Jenninger –
Mit einer Rede vom Stuhl gekippt

Wenn es in der deutschen Nachkriegspolitik jemals eine tragische Figur gegeben hat, so ist es Philipp Jenninger. Der im Jahr 1932 geborene CDU-Abgeordnete gehört seit 1969 dem Bundestag an – unbescholten, skandalfrei, eher unauffällig. Von 1982 bis 1984 ist er Staatsminister im Bundeskanzleramt, begleitet Helmut Kohl in dessen ersten Jahren seiner Kanzlerschaft. 1984 wird er zum Präsidenten des Deutschen Bundestages ernannt – ein Amt, das er zunächst durchaus im Sinne des Parlaments ausfüllt: Frei von parteipolitischen Ränkespielchen, ohne sich machtpolitisch profilieren zu wollen und mit der gebotenen Überparteilichkeit wird er zu einem beachtenswerten Sprachrohr des Parlamentarismus, bis ... ja, bis zum 9. November 1988. An diesem Tag hält er zum 50. Jahrestag der Novemberpogrome von 1938 – der so genannten „Reichskristallnacht“ – anlässlich einer Gedenkstunde des Bundestages eine Rede. Eine Rede, in der er versucht zu erklären, warum die Deutschen sich einst für den Nationalsozialismus begeistert haben. Es ist ein ehrenwerter Versuch der Aufbereitung, doch es wird zum Exempel grandiosen Scheiterns. Jenningers Rede ist schwierig und der Vortragende ist nicht eben für sein rhetorisches Talent bekannt. Hätte er seine Ansprache vor dem Spiegel üben sollen? Vor ein paar ausgewählten Freunden? Das hätte er wohl, denn aufgrund einer höchst missverständlichen Intonation entsteht beim Hören der Eindruck, Jenninger könne und wolle sich nicht wirklich vom nationalsozialistischen Gedankengut distanzieren. Zwischenrufe, Pfiffe und empörte Abgeordnete verunsichern den Redner noch zusätzlich – sein Auftritt gerät zum Fiasko. Im Blätterwald rauscht es gewaltig und angesichts des enormen öffentlichen Drucks tritt Philipp Jenninger zwei Tage später vom Amt des Bundestagspräsidenten zurück.

Der Mann fällt weich: 1991 wird Jenninger Botschafter in Österreich und 1995 beim Vatikan, ehe er sich aus der politischen Landschaft ganz zurückzieht. Wie sehr der CDU-Politiker seinerzeit missverstanden wurde, demonstriert ausgerechnet einer, dem niemand eine Nähe zum Denken der Nazis unterstellen konnte: Ignatz Bubis. Der damalige Vorsitzende des Zentralrates der Juden in Deutschland hält einige Jahre nach Jenningers Rede genau diese Ansprache noch einmal und wird mit stehenden Ovationen gefeiert. Anschließend erklärt er, die Rede Jenningers im Wortlaut übernommen und lediglich die Betonung verändert zu haben. Jenninger ist damit zwar größtenteils rehabilitiert – sieht man davon ab, dass er ein offensichtlich schlechter Redner war. Doch im Bewusstsein der meisten bleibt nur sein unglücklicher Schlussakkord im Bundestag.

Björn Engholm – Der tiefe Sturz der Lichtgestalt

Sechs Tage sind es, die Björn Engholm letztlich fehlen. Sechs Tage machen vermutlich den Unterschied zwischen einer möglichen „Ära Engholm“ und dem Absturz ins politische Niemandsland aus. Es sind die sechs Tage, die zwischen dem 7. und dem 13. September 1987 liegen, oder, genauer gesagt, es sind genau diese beiden Daten, die der Karriere des politischen Stilisten aus Lübeck den Garaus machen.

Wir erinnern uns: Björn Engholm avanciert Anfang der 80er Jahre zum Hoffnungsträger der deutschen Sozialdemokraten. Der gut aussehende Pfeifenraucher, Jahrgang 1939, wird vom damaligen Bundeskanzler Helmut Schmidt zum Minister für Bildung und Wissenschaft ernannt und vor allem sein Eintreten für eine Humanisierung der Bildungseinrichtungen verschafft ihm viel Anerkennung. Nach dem Regierungswechsel auf bundespolitischer Ebene unterliegt er als Spitzenkandidat der schleswig-holsteinischen SPD im Jahr 1983 gegen seinen CDU-Kontrahenten Uwe Barschel und auf dieses Duell spitzt sich die Lage vier Jahre später erneut zu. Wenige Tage vor der Wahl im nördlichsten Bundesland veröffentlicht das Nachrichtenmagazin *Spiegel* schwere Vorwürfe gegen Barschel: Dieser habe seinen politischen Gegner systematisch ausspionieren lassen – es entsteht das Wort von der „Waterkantgate“. Da Barschel alles abstreitet und sogar sein Ehrenwort gibt, gelingt der Koalition aus CDU und FDP noch einmal ein hauchdünner Wahlsieg – Engholm scheint erneut geschlagen. Doch

am 25. September erklärt Uwe Barschel seinen Rücktritt vom Amt des Ministerpräsidenten. Zwar bestreitet er nach wie vor jede persönliche Schuld und bekennt sich nur zur „politischen Verantwortung", doch die Indizienlage ist erdrückend. Am 11. Oktober wird Uwe Barschel tot in einem Genfer Hotelzimmer aufgefunden – Selbstmord gilt bis heute als wahrscheinlichste Todesursache.
Mit Barschels Rücktritt scheint Engholm am Ziel seiner Wünsche: Bei den Nachwahlen im Mai 1988 erringt die SPD die absolute Mehrheit, Engholm übernimmt die Führung des Landes. Sein Stil gilt als frisch und bürgernah, obwohl er selbst eher zurückhaltend und hanseatisch unterkühlt wirkt. 1991 wird er zum Parteivorsitzenden der Bundes-SPD gewählt und ein Jahr später gibt er dem Drängen der Genossen nach: Er erklärt sich bereit, als Kanzlerkandidat gegen Helmut Kohl anzutreten.
Der Traum vom Aufstieg ins politisch wichtigste Amt der Republik ist ebenso intensiv wie kurz. Am 3. Mai 1993 tritt Björn Engholm von allen politischen Ämtern und von seiner Kandidatur zurück. Er bekennt, vor dem so genannten Barschel-Untersuchungsausschuss im Jahr 1987 die Unwahrheit gesagt zu haben: Nicht erst am Wahltag, dem 13. September, sondern schon sechs Tage zuvor, am 7. September, sei er über die Bespitzelung seiner Person informiert worden. Die Ära Engholm ist zu Ende, noch bevor sie begonnen hat – eine Lichtgestalt der SPD verschwindet im Dunkel des politischen Vergessens.

Margarethe Schreinemakers – Keine Chance aufs Comeback

Schon etliche Jahre vor solchen medialen Unsäglichkeiten wie *Big Brother* kann man als aufmerksamer Beobachter der deutschen Medienlandschaft den Trend zum „gemachten Star" erkennen. Diese schnell vergehenden, künstlich illuminierten Sternschnuppen wurden und werden so lange von einschlägigen Gazetten und Privatsendern „zu Markte getragen", bis sie durch ihre schiere Präsenz ins kollektive Bewusstsein sickern – unabhängig von Talenten, Fähigkeiten oder Verdiensten.

Bei Margarethe Schreinemakers ist dies anders: Sie verdient sich ihre ersten journalistischen Sporen beim Westdeutschen Rundfunk, lernt das Handwerk von der Pike auf, erlebt Höhen (*Aktuelle Stunde*) und Tiefen (*Wortschätzchen*) und etabliert sich mit der Talkshow *Schreinemakers live* bei SAT 1 als Quotenqueen der deutschen Fernsehens. Bis zu sieben Millionen Zuschauer sehen die Sendung Woche für Woche – Zahlen, von denen in diesen Jahren zwischen 1993 und 1996 so manch anderer Fernsehschaffender nur träumen kann.

Doch ist sie auch jene Moderatorin, die in der neuen bunten Welt des aufgemotzten Provinzfernsehens als eine der ersten erleben muss, wie schnell der Glanz der Einschaltquoten verblassen kann, wie schnell man fallen gelassen wird. Die Ex-Ehefrau des Komikers, Schauspielers und Moderators Jürgen von der Lippe wird mit einer angeblich nicht bezahlten Steuerschuld öffentlich konfrontiert. Boulevard-Zeitungen blasen zum Halali – Schreinemakers sieht sich plötzlich einer Front von Anklägern gegenüber. Ihr Privatleben wird zum Objekt wildester Spekulationen, ihr wird eine „Raffke-Mentalität" unterstellt und ihr Arbeitgeber, der Privatsender SAT 1, geht auf Distanz zu seinem einstigen Aushängeschild. Schreinemakers reagiert gewohnt emotional und direkt, doch was bis dato als ihre Stärke galt, wird ihr nun als hysterisches Getue ausgelegt. Als sie am 2. August 1996 in ihrer Show eine persönliche Erklärung zur so genannten Steueraffäre abgeben will, kommt es zu einem bis dahin einzigartigen Vorfall in der deutschen Fernsehgeschichte: Der Sender bricht die Ausstrahlung der Live-Sendung einfach ab.

Damit trennen sich dann natürlich auch die Wege von SAT 1 und Schreinemakers, die wenig später bei RTL ein Comeback versucht. Dieses jedoch scheitert – allzu viele Zuschauer verbinden mit ihrem Namen nur noch das Wort „Steueraffäre" und reagieren gereizt auf die Bildschirmpräsenz der zierlichen Frau. Die, mittlerweile mit einem Rechtsanwalt verheiratet, zieht sich vorerst aus dem Fernsehgeschäft zurück, startet später bei der ARD und schließlich sogar bei RTL II weitere Versuche, doch noch einmal Fuß zu fassen ... und scheitert erneut. Ihre Moderation der Sendung *Big diet*, in der übergewichtige Menschen um Gewichtsreduzierung kämpfen, wird wohl auch von ihr selbst als Karriere-Tiefpunkt betrachtet. Sie übergibt diese Aufgabe nach wenigen Folgen an die Vorreiterin der so genannten „Luder-Bewegung", Jenny Elvers.

Schreinemakers, mittlerweile zweifache Mutter, lebt heute in Belgien, fernab von der – wie sie sagt – „deutschen Neidkultur". Tragisch für sie: Nach monatelangen Ermittlungen stellt das Finanzamt seinerzeit die Nachforschungen wegen angeblicher Steuerhinterziehung ein. Nach eigenen Angaben bekommt sie sogar Geld zurück, doch dafür interessieren sich die Medien schon längst nicht mehr.

Boris Jelzin –
Vom Volkstribun zur Witzfigur

Für die Lebensbeschreibung von Boris Jelzin gibt es viele mögliche Überschriften. Wie wäre es mit „Der Mann, der seinem Förderer in den Rücken fiel"? Oder auch „Der Alkohol und der Präsident"? Oder vielleicht doch lieber die heroische Variante: „Mut im Angesicht der Panzer"?

Wie der geneigte Leser oben sehen konnte, ist eine andere Überschrift gewählt geworden als die genannten Beispiele. Doch allein diese Vielfalt an Möglichkeiten zeigt, wie bunt und schillernd Leben und Karriere des Boris Jelzin verlaufen sind und wie wichtig er hätte werden können, wenn ihm nicht die russische Volksdroge Nr. 1 zu oft in die Quere gekommen wäre: Der Wodka verhindert nicht nur seinen Aufstieg in den Olymp der Weltpolitik, sondern besiegelt seinen Abstieg vom Politstar zur Witzfigur.

Boris Jelzin erblickt am 1. Februar 1931 im Dorf Butka, unweit des heutigen Jekaterinburg, das Licht der Welt. 1955 schließt er sein Studium des Bauingenieurswesens erfolgreich ab und beginnt nach und nach eine politische Karriere im kleinen Stil. Seit 1978 ist er Deputierter im Obersten Sowjet der UdSSR und wird 1981 sogar zum Mitglied des Zentralkomitees ernannt. Im April 1985 holt ihn sein langjähriger Weggefährte Michail Gorbatschow, der neue starke Mann der Partei und des Landes, nach Moskau. Zunächst wird Jelzin zum Leiter der ZK-Abteilung Bauwesen ernannt, ab Dezember 1985 nimmt er in Gorbatschows Auftrag eine Sonderaufgabe wahr: Er erhält als neuer Parteichef Moskaus den Befehl, die

Korruption und Bürokratie innerhalb der Stadt energisch zu bekämpfen. Der hemdsärmelige Politiker vom Lande, dem stets etwas Bäuerliches anzuhaften scheint, wird binnen weniger Wochen zum Hoffnungsträger der Moskowiten: Wie die personifizierte Kreuzung aus Spürhund und Rammbock macht er sich daran, Behördenwillkür, Schlendrian, Vetternwirtschaft und Privilegien auszumerzen – Jelzin wird zum Volkstribun.
Diese neue Rolle jedoch steigt ihm offensichtlich zu Kopf. Schon im Januar 1986, nur wenige Wochen nach seiner Ernennung, kritisiert Boris Jelzin seinen Förderer: Gorbatschows Reformen seien nicht weitreichend genug und gingen zu langsam voran – er selbst fordert eine radikale Umstrukturierung des gesamten Partei- und Staatsapparates.
Fortan führt Jelzin einen Zwei-Fronten-Krieg: Zum einen gegen den beleidigten Gorbatschow, der wenig Verständnis dafür aufbringt, dass der von ihm Protegierte nun genau jene Hand beißt, die ihn kurz zuvor noch gefüttert hat. Zum anderen aber auch gegen die immer noch sehr mächtige Partei, die ihn – nicht ganz zu Unrecht – als „Laus im Pelz“ und als wenig linienkonform betrachtet. Folgerichtig gibt Jelzin im November 1987 sein Parteiamt wieder ab und scheidet auch aus dem Politbüro aus. Doch der scheinbare Rückzug ins Private ist lediglich eine Atempause.
Im März 1989 wird Boris Jelzin mit satten 89 Prozent der Stimmen für den Moskauer Wahlkreis Nr. 1 in den Kongress der Volksdeputierten gewählt. Pikant dabei: Er erringt seinen Triumph in erster Linie mit scharfen Attacken gegen Michail Gorbatschow – wohl wissend, dass es jener Gorbatschow war, dessen Demokratisierungsbemühungen erst diese Wahlen und damit Jelzins Sieg ermöglicht haben.
1990 – wiederholt hat Jelzin das Machtmonopol der KPdSU, deren Mitglied er noch immer ist, scharf angegriffen – wird er zum Parlamentspräsidenten der sowjetischen Teilrepublik Russland gewählt, tritt aus der Partei aus und wird ein Jahr

später zum ersten frei gewählten Präsidenten Russlands. Als reformfeindliche Kräfte am 19. August 1991 mittels eines Militärputsches versuchen, Staatspräsident Michail Gorbatschow zu stürzen, ist es Boris Jelzin, der die Massen zur Unterstützung der neu gewonnenen Demokratie motiviert. Jelzin ist es, der den Panzern der Putschisten entgegengeht, der mit Soldaten und Offizieren spricht und eine derartige Autorität und Willenskraft ausstrahlt, dass den Putschisten schließlich klar wird: In Moskau, im Zentrum der Macht, gibt es für sie nichts zu erben. Nach drei Tagen ist der Spuk vorbei, doch Michail Gorbatschow hat dennoch verloren: Sein Rivale um die Macht im Staat hat diese de facto in der Tasche – Jelzins Haltung, sein Mut und seine volkstümliche Art haben ihn politisch gestärkt. Er ist endgültig der neue „starke Mann“ in Russland.
Es folgt eine politische Zick-Zack-Laufbahn, wie sie wohl nur in einem Staat möglich ist, der so in den Umbruchswehen liegt wie das Russland jener 90er Jahre. Im November 1991 übernimmt Jelzin das Amt des russischen Regierungschefs, vereinbart mit Gorbatschow im Dezember die faktisch längst besiegelte Auflösung der Sowjetunion, forciert Gorbatschows Rücktritt als Staatspräsident, setzt sich ein halbes Jahr später über den Willen des Parlaments hinweg und ernennt einen bis dato eher unbekannten Abgeordneten namens Jegor Gajdar zum neuen Regierungschef, unterzeichnet zwischendurch einen neuen Abrüstungsvertrag und unterstellt Ende 1992 die russischen Massenmedien seiner unmittelbaren Kontrolle.
1993 dann unterwirft Jelzin ganz Russland zunächst der Präsidialherrschaft – der einstmals fanatische Demokrat strebt in Richtung Diktatur. In einem Referendum jedoch geben die russischen Wähler ihm Kontra: Sie lehnen entsprechende Verfassungsänderungen ab. Jelzin verkündet im September die Auflösung des Parlaments und kündigt Neuwahlen an, woraufhin etliche Abgeordnete das Parlamentsgebäude besetzen.

Jelzin lässt sie von Truppen einkesseln und überwältigen, führt Neuwahlen durch, erhält keine klare Mehrheit, muss hinnehmen, dass die Putschisten amnestiert werden, und steckt bei den Parlamentswahlen 1995 starke Verluste ein. Puuh! Zu schnell? Das ist es für den Rest der Welt auch – die Sprünge der russischen Politik sind nur noch schwer vermittelbar.

Offenkundig wird in diesen Jahren jedoch auch ein sehr persönliches Problem des Präsidenten: Er spricht gerne und oft dem Alkohol zu. Bei Staatsbesuchen glänzt er ab und zu mit lallenden Versprechern, torkelt rote Teppiche entlang und muss sich beim Aussteigen aus einem Flugzeug – deutlich sichtbar für die Kameras der Weltpresse – praktisch an der Reling der Gangway hinunterhangeln, um nicht zu stürzen. Immer häufiger stellt sich seinen Gesprächspartnern die Frage, ob Jelzin noch verhandlungsfähig ist, immer seltener werden seine Auftritte in der Öffentlichkeit. Seine Trunksucht überschattet auch seine außen- und innenpolitischen Erfolge wie die Unterzeichnung eines Friedensvertrages mit der Ukraine oder die Abschaffung der Todesstrafe.

Im März 1998 entlässt Jelzin überraschend und ohne Angabe von Gründen sein gesamtes Kabinett, ernennt neue Minister und einen neuen Regierungschef, um diesen ein Jahr später wieder zu feuern. Immer sprunghafter und unberechenbarer werden seine Aktionen, immer größer wird der Druck der Öffentlichkeit. Auch der Westen ist besorgt, denn schließlich sitzt Jelzin nicht nur an den Schalthebeln der Macht, sondern auch an den Zugangscodes für das zweitgrößte Atomwaffenarsenal der Welt. So atmet man nicht nur in Russland auf, als Boris Jelzin in seiner Neujahrsansprache am 31. Dezember 1999 seinen Rücktritt erklärt. Die Amtsgeschäfte übergibt er an Wladimir Putin – sein letzter Erlass ist einer in eigener Sache: Er, der sich zuletzt mit Korruptions- und Geldwäschevorwürfen konfrontiert sah, gewährt sich Immunität vor Strafverfolgung auf Lebenszeit.

2. Gestürzt

Marie Antoinette – Flucht in die Dekadenz

„Sie haben kein Brot? Dann sollen sie doch Kuchen essen.“ Dieses angebliche Zitat ist ein ausgezeichnetes Beispiel dafür, wie Legenden sich buchstäblich über Jahrhunderte hinweg halten können. Marie Antoinette, jüngste und verwöhnte Tochter des römisch-deutschen Kaisers Franz I., geboren im November 1755 in Wien und als 15-Jährige aus Bündnisgründen mit dem um ein Jahr älteren französischen Thronfolger, dem späteren Ludwig XVI., verheiratet, soll diesen dämlichen Ausspruch getan haben, als die französische Revolution begann und man ihr zu erklären versuchte, warum das Volk eigentlich die Barrikaden erklomm. Doch einer ernsthaften Überprüfung hält die Anekdote nicht stand und so wollen wir an dieser Stelle davon ausgehen, dass sie – wie so viele andere Anekdoten auch – lediglich ein Körnchen Wahrheit enthält.

Dieses Körnchen besteht bei Marie Antoinette in einer maßlosen Verschwendungssucht. Die mit dem eher spröden Zwangsgatten zutiefst Unglückliche benutzt den französischen Hof ab dem Regierungsantritt ihres Mannes im Jahr 1774 als eine Mischung aus Spielbank, Lustgarten und Selbstbedienungsladen. Das Volk, das seiner jungen, schönen Königin zunächst durchaus zugetan ist, wendet sich schnell von ihr ab

– Marie Antoinette bemerkt davon nicht einmal etwas. Viel zu sehr ist sie mit höfischen Intrigen beschäftigt, mit diversen Liebhabern und den Wasserspielen der ausgedehnten Gärten von Versailles, als dass sie für die immer offener zutage tretenden Mängel der Politik der Stände irgendein Gespür entwickeln könnte. Zwar ist sie ihrem Gatten, dem vergleichsweise einfältigen Ludwig, intellektuell turmhoch überlegen, doch macht sie von ihren geistigen Fähigkeiten keinerlei Gebrauch. Dies ändert sich erst, als es eigentlich schon zu spät ist. Die Revolution des Jahres 1789 entmachtet die königliche Familie zunächst und drei Jahre später werden Marie Antoinette, ihr Gatte und ihr Sohn verhaftet und eingekerkert. Zwar hat sich die Königin mittlerweile der Politik zugewendet und versucht, Bündnisse zugunsten ihrer Familie zu schmieden, doch europaweit bleiben ihre Rufe ungehört und auch ihre letzte Intrige, durch die das französische Königtum mit Hilfe einer militärischen Intervention Österreichs und Preußens gerettet werden soll, wird durch eine Indiskretion vereitelt. Im Oktober des Jahres 1793 wird sie vor ein Revolutionstribunal gestellt und nach teilweise absurden und lächerlichen Anschuldigungen zum Tode verurteilt. Sie verteidigt sich stolz und würdevoll, doch dieser letzte große Auftritt kommt zu spät: Am 16. Oktober 1793 stirbt Marie Antoinette, das Wiener Kindl, dem man einst nichts hatte verweigern können, unter dem Fallbeil der Guillotine.

Matti Nykänen – Weite Flüge, langer Fall

Dort oben, nahe am Polarkreis, gibt es zuweilen verflucht lange Nächte. Genauer gesagt: Manche Nächte dauern dort ein glattes halbes Jahr – sechs Monate, in denen es so gar nicht hell werden will, Monate, in denen die Bewohner jener Gegend traditionsgemäß mit Depressionen, Angstgefühlen und Frustration zu kämpfen haben. Man weiß ja mittlerweile, welche Auswirkungen langer Lichtentzug auf die menschliche Psyche haben kann. Die Reaktion? Alkohol. Ein Experte für diese Art der Reaktion ist Matti Nykänen.

„Nykänen? Nykänen? Den Namen kenn' ich doch irgendwoher ...", mag an dieser Stelle der eine oder andere Leser denken und in der Tat – Matti Nykänen sollte man kennen, wenn man sich jemals für große Sportler begeistert hat.

Der Finne, geboren im Juli 1963, taucht als 17-Jähriger erstmals auf den Skisprungschanzen Mitteleuropas auf. 17 Jahre alt soll er sein? Kaum zu glauben, denn das weiche Babygesicht scheint eher einem Zwölfjährigen zu gehören. Doch sein kindliches Äußeres täuscht – sobald Matti die Anlaufspur hinuntergleitet, wird er zum Bezwinger seines Sports. Viermal gewinnt er den Weltcup – die Summe aller Skisprungwettbewerbe einer Saison. 46 Siege erreicht er dabei insgesamt, vier olympische Goldmedaillen holt er sich, eine aus Silber, eine aus Bronze sowie ein halbes Dutzend Weltmeistertitel – schon zu Lebzeiten ist Matti Nykänen eine Legende. Seine Landsleute vergöttern den jungen Mann, der zwar eher schweigsam ist,

aber in der Öffentlichkeit einen durchaus höflichen, liebenswürdigen und zuvorkommenden Eindruck macht. So mancher finnischer Politiker schmückt sich im Wahlkampf mit ihm.
Wenige Jahre später meiden die Politiker jenen Matti Nykänen wie der Teufel das Weihwasser. Kaum nämlich ist seine sportliche Laufbahn zu Beginn der 90er Jahre beendet, erweist sich, wie schlecht der junge Mann – der immer noch aussieht wie ein Teenager – mit dem Ruhm und den langen Nächten seiner Heimat umgehen kann. Er, der einst geklagt hat, er könne nicht einmal aufs Klo gehen, ohne dass ausführlich darüber berichtet werde, sucht nun um jeden Preis die Öffentlichkeit. Er schließt im Lauf der Jahre insgesamt vier Ehen – das Aufgebot an Fotografen ist jedes Mal immens. Seine Karriere als Sänger endet ebenso schnell, wie sie begonnen hat, und als er sich schließlich als Stripper in einem Nachtclub versucht, ist der Gipfel der Peinlichkeit erreicht. Im Februar 2004 meldet die Weltpresse: „Matti Nykänen wegen versuchten Totschlags im Gefängnis". Mit einem Messer hatte der einstige Liebling der Massen im Vollrausch auf seine vierte Frau eingestochen – gegenüber dem Vernehmungsrichter beteuert er jedoch treuherzig, er habe sie nicht verletzen wollen.
Wegen versuchter schwerer Körperverletzung bei stark verminderter Schuldfähigkeit wird Matti Nykänen auf Bewährung in die Freiheit entlassen. Doch welchen Wert hat diese Freiheit noch für ihn? Seine olympischen Medaillen hat er inzwischen verkauft, das Geld ist weg. Die Freunde haben sich zum größten Teil schon lange von ihm abgewandt und selbst der Verkauf seiner Autobiografie mit dem vielsagenden Titel *Grüße aus der Hölle* verläuft eher schleppend. Finnische Skispringer werden heute nur noch ungern auf Matti Nykänen angesprochen. Ihre Standardantwort lautet: „Ach, wissen Sie – das war eine ganz andere Zeit." In der Tat – eine ganz andere. Für Matti Nykänen eine Zeit, von der er heute nur noch träumen kann.

Diego A. Maradona – Kugelförmiger Linienzieher

In einer Zeit, in der Fußball immer mehr zum Kommerzobjekt verkommt, in welchem das Kollektiv gepredigt und vor allem von deutschen Mannschaften erfolgreich vorgelebt wird, in dieser Zeit reift ein stämmiger junger Mann aus dem Städtchen Villa Fiorito zu einem der größten Individualisten, den dieser Sport je gesehen hat. Diego Armando Maradona ist ein Superstar, ein argentinischer Messias, ein begnadeter Künstler in den Stadien dieser Welt. *Pibo de Oroa* – Goldjunge – nennen sie ihn schon seit jener Zeit, als er mit der Jugendmannschaft Los Cebollitas 136 Spiele lang ungeschlagen bleibt und in dieser Zeit rund 1000 Tore erzielt. 1976 wird er Profifußballer – im zarten Alter von 16 Jahren. Er kickt in Buenos Aires und schon nach vier Monaten wird der Goldjunge aus der Provinz zum Nationalspieler. Zwei Jahrzehnte nach Evita Perón hat Argentinien wieder eine nationale Ikone. 1982 wechselt Maradona nach Europa – der ruhmreiche FC Barcelona wird seine erste Station. Die europäischen Verteidiger sind dem Wunderkicker aus Südamerika nicht eben wohl gesonnen – da sie den stämmigen Dribbelkönig mit legalen Mitteln nicht stoppen können, treten sie ihm reihenweise und systematisch die Knochen kaputt. Resigniert verlässt Maradona die iberische Halbinsel und wechselt 1984 für die damalige Rekordsumme von rund zwölf Millionen Euro ins italienische Neapel. Den dortigen SSC, einen bis dato nur Eingeweihten wirklich vertrauten Provinzclub, schießt er in den Folgejahren zu zwei Meistertiteln und einem Triumph auf europäischer Ebene. Maradona wird in Neapel verehrt wie ein Gott – eine Straße und eine Schule werden nach ihm benannt. Im Stadtrat scheitert der Antrag auf Errichtung einer *San Maradona-Kapelle* nur knapp und nach ausführlicher Debatte: Der Vatikan legt sein Veto ein.

Im Jahr 1986 wird Maradona mit der argentinischen Mannschaft Fußballweltmeister und vor allem seine beiden Tore gegen England machen ihn zur Legende: Das eine erzielt er listig mit der Hand, ohne dass der Schiedsrichter etwas bemerkt, und erklärt anschließend frech, da sei „die Hand Gottes" im Spiel gewesen. Das andere beginnt mit einem schnellen Antritt an der Mittellinie: Maradona umspielt die gesamte englische Mannschaft inklusive des Torhüters in einem solch atemberaubenden Tempo, dass die anschließend weltweit gesendete Zeitlupe nicht in der Lage ist, alle Bewegungen, Körpertäuschungen und Tricks lückenlos zu dokumentieren. Der Weltfußballverband erklärt diesen Treffer wenig später zum *Tor des Jahrhunderts*.

Die Verehrung jedoch, die ihm seine argentinischen Landsleute und die Menschen an seinem Wohnort Neapel entgegenbringen, ist der Psyche des Ausnahmefußballers nicht zuträglich. Maradona beginnt Kokain zu konsumieren – im Jahr 1991 fällt ein Dopingtest positiv aus. Nach dem Ablauf der obligatorischen Sperre verlässt er Neapel und heuert noch einmal in Spanien an, doch auch beim FC Sevilla kommt er nicht mehr so recht auf die Beine. Immer kugelförmiger wird seine Gestalt, immer offensichtlicher wird sein Drogenproblem. Comeback-Versuche scheitern. Das Idol von einst wird nach mehreren gescheiterten Entziehungskuren im Jahr 2004 mit lebensbedrohlichen Herz- und Atembeschwerden ins Krankenhaus eingeliefert. Bei Erscheinen dieses Buches versucht Maradona fern der Heimat noch einmal den Drogen zu entsagen. Der Held ist nicht unsterblich – zu guter Letzt hat er es hoffentlich auch selbst erkannt.

Erich Honecker – Lost in Chile

Ob er wohl volkstümlich wirken will? Ob er sich den Arbeitern und Bauern wirklich verbunden fühlt? Im Geiste verbunden, im Herzen vereint? Man vermag es sich nicht so recht vorzustellen, denn wenn Erich Honecker bei der Ehrung eines „Helden der Arbeit", bei der Auszeichnung eines Kombinats, beim Empfang für junge Pioniere lächelt, wenn er sich leutselig gibt, wenn er ein paar „passende" Worte sagt – immer in diesen Momenten, in denen er versucht, seine Nähe zum Volk zu demonstrieren, dann scheint irgendetwas nicht richtig zu sein. Man kann dieses unbehagliche Gefühl der Falschheit kaum in Worte fassen, es ist so schwer zu beschreiben. Vielleicht ist es seine Haltung, diese Körperspannung, die irgendwo zwischen dem zugeneigten Großväterchen und dem preußischen Gardeoffizier zu schwanken scheint. Vielleicht sind es die etwas zu großen Brillengläser, hinter denen die Augen zuweilen erschrocken und gleich darauf viel zu kühl und abschätzend wirken. Vielleicht sind es seine Gesten, die sich bei näherem Hinsehen trotz ihrer vermeintlichen Sparsamkeit als pathetisch und beflissen gleichermaßen entpuppen – widerstrebend einladend, ausholend abwehrend – schwer zu deuten eben. Oder nein, wahrscheinlich ist es doch die Stimme, die ihn vom Volke trennt, von jenem Volke, dem er sich einst so sehr zugehörig fühlte, dem er Ideale vermitteln, dem er dienen wollte als dritter, als zweiter, als erster Mann im Staate. Diese Stimme, leicht gebrochen, ein wenig leiernd, stets leidgeprüft und anklagend, bieder und fanatisch zugleich. Es ist diese Stimme, die ihn im Westen zum Opfer der Parodisten werden lässt – sein Wesen, seine Augen, seine Gesten, all das wäre viel zu schwer zu imitieren, lädt nicht zum Lachen ein.

Erich Honecker wird am 25. August 1912 in Neunkirchen an der Saar geboren. Sein Vater Wilhelm ist Bergarbeiter, politisch ist die Familie seit jeher links angesiedelt. 1929 wird Erich bereits Leiter einer Ortsgruppe des Kommunistischen Jugendverbandes Deutschland, tritt ein Jahr später der KPD bei. Ab 1933 sind kommunistische Aktivitäten nur noch im Untergrund möglich, mit dem Anschluss des Saarlands ans deutsche Reich im Jahr 1935 flieht Honecker zunächst nach Frankreich, reist aber wenig später unter falschem Namen nach Berlin und arbeitet im Widerstand gegen das Regime. Ein Weggefährte dieser Tage ist Herbert Wehner – nach dem Krieg ein bekannter Politiker der westdeutschen SPD.

Honecker wird schon im Dezember 1935 von der Gestapo verhaftet und zu zehn Jahren Zuchthaus verurteilt: Bis zum 6. März 1945 sitzt er nun im Gefängnis Brandenburg-Görden – die Unrechtsjuristen des Dritten Reichs stehlen ihm seine besten Jahre.

Es ist mehr als Mutmaßung, wenn man in dieser verschwendeten, vergeudeten, vergewaltigten Jugend die Ursachen für das sieht, was in Erich Honeckers Leben folgt. Der höchst ehrenwerten Prämisse „Nie mehr Faschismus“ verschrieben, wird er 1946 Mitbegründer und ist bis 1955 gar Vorsitzender der Freien Deutschen Jugend (FDJ). Die Gründung der DDR, die Zweiteilung Deutschlands, den Bau der Berliner Mauer – all dies gestaltet, verantwortet er mit an vorderster Front – im Kampf gegen den Klassenfeind ist ihm jedes Mittel recht. Seine erste Ehe, geschlossen 1934, wird nun geschieden, 1947 heiratet er die FDJ-Funktionärin Edith Baumann, 1953 wird Margot Feist seine dritte Ehefrau. Er wird zweimal Vater (Erika und Sonja) und arbeitet mit zäher Zielstrebigkeit an seiner Karriere, seinem Weg in das Zentrum der Macht. Mit Hilfe der sowjetischen Führung unter Leonid Breschnew drängt er „Spitzbart“ Walter Ulbricht aus dem Amt des Generalsekretärs der Sozialistischen Einheitspartei Deutschlands (SED), wird am 3. Mai 1971 dessen Nachfolger als Erster Sekretär des Zentralkomitees der SED und 1976 deren Generalsekretär. Da er seit Oktober 1975 auch Staatsratsvorsitzender ist, ist er de facto nun der wichtigste Mann im „kleinen“ Deutschland.

Die Ära Honecker ist geprägt von Liberalisierungstendenzen in Kunst und Kultur, aber auch von der Hetze auf Andersdenkende und von der konsequenten und unfassbar umfangreichen Bespitzelung der eigenen Bevölkerung. Die Wirtschaft der sozialistischen Republik wird unter Honecker fast komplett verstaatlicht und zentralisiert – ein Weg, der sich schon ab Ende der 70er Jahre als fataler Fehler erweist: Ohne Milliardenkredite aus dem Ausland ist die Volkswirtschaft der DDR nicht lebensfähig, sodass schließlich selbst Darlehen aus Westdeutschland angenommen werden müssen.

Letztlich sind es viele Faktoren, die 1989 zur politischen Wende in der Deutschen Demokratischen Republik und zur persönlichen Tragödie des Erich Honecker führen. Die Unzufriedenheit der DDR-Bürger mit der wirtschaftlichen Lage, der Unmut über Zensur, über fehlende Redefreiheit, über die faktische Diktatur einer herrschenden Politoligarchie – all dies kumuliert in Zirkeln, bildet Wellen und Kreise und schwappt schließlich als gewaltlose, aber gigantische Woge des Widerstands über den „alten Kämpfern“ der SED-Führung zusammen.

Erich Honecker muss am 18. Oktober 1989 von allen Ämtern zurücktreten und wird am 3. Dezember aus der SED ausgeschlossen. Seine Privilegien, sein persönlicher Lebensstil – nicht vergleichbar mit dem eines Potentaten, aber um ein Hundertfaches aufwändiger als der Haushalt derjenigen, deren gleichgestellter Repräsentant zu sein er vorgab – all dies wird nun gegen ihn verwendet. Amtsmissbrauch und Hochverrat wirft ihm der Staatsanwalt vor – der Wind hat sich gedreht. Honecker findet zunächst Unterschlupf bei einem evangelischen Pfarrer in Lobetal, doch als das Ermittlungsverfahren gegen ihn in eine entscheidende Phase gerät, wählt er jenen Weg, der über Jahrzehnte als Fluchtweg vorgezeichnet schien: die Straße nach Moskau.

Doch in der Hauptstadt der Sowjetunion ist nichts mehr so, wie es einstmals war. Das sowjetische Riesenreich zerfällt, Michail Gorbatschows Reformen machen auch vor dem einstmaligen Musterschüler aus dem Kreis der Satellitenstaaten nicht Halt. Urplötzlich findet sich Erich Honecker in der Rolle des bestenfalls geduldeten Störenfriedes wieder – er, der einst mit militärischen Ehren und auf einem roten Teppich im Kreml empfangen wurde, ist nun auf Almosen und das Mitleid seiner Gastgeber angewiesen. Als sich abzeichnet, dass Gorbatschow keinesfalls gewillt ist, ihn vor einem deutschen Auslieferungsantrag zu schützen, flieht er in die chilenische Botschaft. Einst hatte er vielen tausend verfolgten Chilenen nach der Machtergreifung Pinochets in der DDR politisches Asyl gewährt – nach Pinochets Sturz fühlen sich ihm die neuen Machthaber nun verpflichtet. Mehrere Monate verbringt er in der Botschaft, doch nach einem heftigen diplomatischen Ringen wird er im Juli 1992 – bedingt durch einen bundesrepublikanischen Haftbefehl – an Deutschland ausgeliefert. Dort soll gegen ihn verhandelt werden – Hauptanklagepunkt ist der Schießbefehl an der innerdeutschen Grenze, der Dutzende von „übertrittswilligen“ DDR-Bürgern das Leben kostete.

Der Erich Honecker, der am 29. Juli 1992 in Deutschland eintrifft, ist ein gebrochener Mann. Er leidet an Leberkrebs, doch mehr noch leidet er vermutlich am Lauf der Geschichte, an der vollständigen, endgültigen, unwiderruflichen Zerstörung seines Lebenswerkes. Ob er nun erkennt, dass der Kampf gegen den Faschismus nicht zwangsläufig ein Kampf gegen die

Freiheit des Einzelnen sein muss? Ob er mittlerweile eingesehen hat, dass das hohle Pathos klassenkämpferischer Phrasen nur eine andere Art der Propaganda darstellt? Ob er endlich verarbeitet, dass sich in der Politik das eine Extrem nie durch das andere bekämpfen lässt?
Wohl nicht, denn er äußert keine Reue, er zeigt kein Bedauern. Zu tief ist Erich Honecker in jene Gedankenwelt verstrickt, die sich jahrzehntelang an überholten Werten und verquasten Vorstellungen von einer Gesellschaft berauscht hat, die auf scheinbarer Gleichheit beruht. Vom Zellenfenster aus zeigt er alten Genossen die Faust des Klassenkämpfers. Ob er sich in diesen Tagen noch an seine Zeit zwischen 1935 und 1945 erinnert? An diese zehn vergeudeten Jahre im Zuchthaus – den Nazis geschuldet? Wahrscheinlich, doch wird er den Unterschied nicht erkannt haben: Damals sperrten ihn Menschen ein, die ihm das Denken austreiben wollten. Jetzt wird er von jenen eingesperrt, deren Denken er verbieten wollte.
1993 entscheidet das Bundesverfassungsgericht, das Verfahren gegen Erich Honecker einzustellen, weil sein Gesundheitszustand für eine jahrelange Verhandlung zu schlecht sei. Der demokratische Rechtsstaat Deutschland zeigt sich barmherzig und entledigt sich zudem eines unangenehmen Problems. Denn ein Verfahren gegen den einst mächtigsten Mann der DDR hätte leicht zu einem Verfahren gegen die Prinzipien jenes Staates werden können – für den mühseligen Prozess der Einheit hätte es einen Rückschlag bedeutet, wenn sich der ganze Osten in Honeckers Person auf der Anklagebank wiedergefunden hätte. West- und ostdeutsche Politiker aller Fraktionen atmen auf, als Honecker im Januar 1993 zu seiner in Chile lebenden Tochter Sonja fliegen darf. Während seiner letzten Tage gepflegt und umsorgt von seiner Frau Margot, stirbt Erich Honecker am 29. Mai 1994 im Alter von 81 Jahren in Santiago de Chile an Leberkrebs. Er wird 9 000 Kilometer von der Heimat entfernt bestattet.

Erich Mielke –
Liebe allein genügt nicht

Fast ein wenig unterwürfig kommt er uns in jenen Minuten daher, der Blick scheint die Kameras von unten zu streifen, ihnen flatternd auszuweichen; die Lippen sind geschürzt, die Backen ein wenig aufgeblasen, die Stirn liegt faltig – gerade so, als müsse er nachdenken, müsse in sich gehen, erlittenes Unrecht mannhaft ertragen. Wenige Minuten zuvor ist ihm der folgende Ausspruch entglitten: „Ich liebe ... Ich liebe doch alle ... alle Menschen (lautes Gelächter, Rufe aus dem Saal) – na, ich liebe doch, ich setze mich doch dafür ein.“ Ein Mann mit einem Herz voll Liebe? Ein Betrunkener im Überschwang der Gefühle? Mitnichten: Der wirre Stammler ist Erich Mielke, der sich mit diesen Worten selbst zum Klassenclown der untergehenden DDR kürt. Seine Uhr ist in diesen Augenblicken im Plenarsaal der Volkskammer abgelaufen – bitter muss ihm nun die Erkenntnis dämmern: Meine Art von Liebe genügt hier nicht mehr.

Es ist aber auch ein verqueres Verständnis von Zuneigung, das der am 28. Dezember 1907 in Berlin geborene Mielke den Menschen in Ostdeutschland über viele Jahre zeigt. Seit 1957 ist er der zuständige Minister für Staatssicherheit (Stasi) der Deutschen Demokratischen Republik und damit der Hauptverantwortliche für den flächendeckenden Ausbau des Überwachungssystems im Arbeiter- und Bauernstaat. Zusammen mit Erich Honecker ist er das Symbol hinter dem Kürzel DDR – diese beiden halten den Trabbi-Motor des Chaos-Kombinats zusammen. Honecker gibt den Grüß-August nach außen, der blitzschnell vom jovialen Lächler zum kalten Krieger werden kann – Mielke hält den Laden im Inneren durch ein ausgeklügeltes System aus Druck, Bespitzelung und Klassenkampf-Rhetorik zusammen. Wer nicht für uns ist, ist gegen uns – diese von Diktaturen aller Zeiten bevorzugte Logik treibt auch ihn zu immer neuen Höchstleistungen im vermeintlichen Dienst für Staat und Genossen.

Was geht in einem Menschen vor, der niemandem traut? Auch über seine Kollegen in den Gremien von Partei und Staat hat der akribische Sammler Dossiers anlegen lassen. Die fähigsten Köpfe hat er versammelt, hat sie gefügig gemacht, um diejenigen zu überwachen, zu kontrollieren, bei der Stange und klein zu halten, die es wagen, eigene Gedanken zu entwickeln Kritik am System setzt einer wie Mielke mit Hochverrat gleich – Meinung ist nur dann genehm, wenn sie die Meinung der Mächtigen ist. Er hetzt Bruder gegen Bruder, Vater gegen Sohn – seine Methoden sind so perfide, weil sie so praktikabel sind. Simple Einsichten und Erkenntnisse hat er sich zu Eigen gemacht: Wer könnte einen anderen besser überwachen als der, der ständig um ihn ist? Wen werbe ich an, wenn ich wissen will, was der Mann denkt? Die Frau natürlich. Oder umgekehrt. Kein Unrechtsbewusstsein befällt ihn, rechnet er selbst doch immer damit, ausgespäht zu werden. Seine Paranoia ist sprichwörtlich und letztlich sorgt er selbst dafür, dass sie niemals grundlos bleibt. Fast möchte man darauf wetten, dass er irgendwann einem Stasi-Obristen befohlen hat, auch ihn selbst überwachen zu lassen. „Mach'n se's unauffällich – mach'n se's diskret. Nehm' se irjendjemand, dem ick unbedingt vatrau." So oder so ähnlich könnte eine solche informell-berlinerte Dienstanweisung gelautet haben – der manische Aktensammler dürfte diese eine nur nicht notiert haben.

Dissidenten und Flüchtlinge, Regimekritiker und Gegner verfolgt Erich Mielke mit der unbeirrbaren Sturheit eines

Bullterriers. Er ordnet Verfolgungen und Tötungen auch im Ausland an – Zeugenaussagen dazu existieren, weitere Beweise nicht. Die von ihm und den „Informellen Mitarbeitern (IM's)" zusammengetragenen Akten und Notizen über Millionen von Menschen füllen endlose Reihen von Aktenschränken.

Erich Mielke sieht sich beim Zusammenbruch der DDR als Opfer. Die Liebe zu den Menschen habe ihn getrieben, versucht er an diesem eingangs erwähnten 13. November 1989 den Abgeordneten der Volkskammer klar zu machen. Im Westen wird über diesen Satz gelacht – im Osten begreifen ihn Tausende als bitteren Hohn und Gipfel des Zynismus. Weil dem Verwalter des organisierten und legitimierten Verfolgungswahns kein Delikt im Sinne der DDR-internen Rechtsauffassung nachgewiesen werden kann, wird er für zwei Morde aus dem Jahr 1931 vor Gericht gestellt. Damals hat der Kommunist Mielke im Berlin der Weimarer Republik zwei Polizisten umgebracht. Doch obwohl nun dieses abscheuliche Verbrechen offiziell gesühnt ist – Mielke wird zu sechs Jahren Gefängnis verurteilt, die er allerdings aus Gesundheitsgründen nicht absitzen muss –, versteht kaum eines seiner „Nachkriegsopfer", warum man diesen Mann nicht auch für das belangen kann und will, was er über Jahrzehnte hinweg den Bürgern der DDR angetan hat. Die Antwort ist so einfach, dass sie schmerzt: weil Mielke nach dem Rechtsverständnis der DDR und nach den Weisungen der dortigen Politik gehandelt hat. Schon allein diese Erkenntnis sollte ausreichen, um „Ostalgie" im Keime zu ersticken.

Zuletzt lebt Erich Mielke in einer Berliner Plattenbausiedlung. Das verhasste vereinigte Deutschland gewährt ihm Sozialhilfe für den bescheidenen Lebensunterhalt. Mielke stirbt am 21. Mai 2000 im Alter von 92 Jahren und wird in einem anonymen Urnengrab beigesetzt.

3. Gescheitert

Raymond Poulidor – Der ewige Zweite

Man mag diesem Sport skeptisch gegenüber stehen und tatsächlich hat er in den vergangenen Jahren viel von seiner Faszination eingebüßt. Die Rede ist vom professionellen Radfahren. Doch auch wenn Pillen und Ampullen, Spritzen und manipulierte Blutwerte, ja sogar Todesfälle wie der des drogenabhängigen Italieners Marco Pantani zuletzt gründlich am Lack der Szenerie kratzten, so ist es doch genau dieser Sport, der regelmäßig echte Helden hervorbringt – Männer, zu denen fast alle aufschauen, Männer, die Leistungen erbringen, die bei aller körperlich erlebbaren Nachvollziehbarkeit unfassbar sind. Wer ist nicht schon mit dem Fahrrad bei Gegenwind bergauf gestrampelt? Wer musste nicht schon der Trägheit seiner Muskeln, der Unvereinbarkeit von Wille und Schwerkraft Tribut zollen, wer ist nicht schon abgestiegen, um zu schieben? Professionelle Radfahrer aber schieben nie. Wenn sie tatsächlich einmal mit ihren Kräften am Ende sind, dann steigen sie ab, dann stehen sie mit leeren Augen, mit jenen Gesichtern, die von Reportern so gerne als „gezeichnet" beschrieben werden, am Rande der Straßen, der Anstiege, der unfassbar steilen Rampen und warten auf diejenigen, die sie abholen, die sie mitnehmen, ihre Schande verbergen hinter dunkel getönten

Scheiben bis hinein ins Manschaftshotel. Aber schieben? Niemals.

So sind beim Radfahren also nicht nur die Sieger die Heroen, obwohl diese natürlich besonders lange im kollektiven Gedächtnis verweilen: Fausto Coppi, Francesco Moser, Jacques Anquetil, Eddy Merckx, Bernard Hinault, Jan Ullrich, Lance Armstrong – fast jeder kann mit diesen Namen etwas anfangen, verbindet Gesichter oder zumindest sehnige Waden mit ihnen. Dies gilt außerhalb, aber vor allem innerhalb Frankreichs auch für Raymond Poulidor, obgleich er alles andere als ein Sieger war. Aber unsere Nachbarn lieben und verehren ihn gerade deshalb wie einen Heiligen – als den größten Verlierer aller Zeiten.

Nun mag man über diesen Titel streiten, den sich – so beweist es das vorliegende Buch – auch andere schon redlich verdienten. Fest steht hingegen, dass kaum ein anderer sich so oft an einem ganz bestimmten Ziel versuchte und so oft und so grandios scheiterte. Die Mission des 1936 im Örtchen Masbaraud-Merignat geborenen Raymond Poulidor ist die Tour de France. Dieses sagenhafte, dieses legendäre Straßenrennen in Etappen, das wahlweise auch gerne *Tour der Leiden* oder *Große Schleife* genannt wird, gilt als Krone des Radsports, als Mount Everest der strampelnden Zunft. Die Alpen und die Pyrenäen werden in schöner Regelmäßigkeit von den Protagonisten auf schmalen Rennmaschinen bezwungen, über Kopfsteinpflaster, durch halsbrecherische Serpentinen, über eisige Passhöhen und windgepeitschte Ebenen führt die Jagd nach Punkten und Sekunden. Alle paar Jahrzehnte gibt es Ausnahmefahrer, die dieses dreiwöchige Spektakel prägen, die sich bei der Ankunft in Paris auf den Champs-Elysées als die Stärksten, die Größten, die Sieger feiern lassen und dies womöglich mehrfach hintereinander. Stets sind es die Willensstärksten, die ganz oben auf dem Podium stehen – mögen auch andere talentierter, schneller, sprintstärker oder eleganter sein – letztlich zählt nur die Fähigkeit zur Überwindung des eigenen, des inneren Feindes, des ach so oft zitierten Schweinehunds. „Quäl dich, du Sau“, ruft ein Udo Bölts seinem Kapitän und Hoffnungsträger Jan Ullrich zu und letztlich ist dies auch die Essenz des Rennens: der Wunsch und die Möglichkeit, sich über bestimmte Grenzen hinaus zu belasten, zu fordern ... zu quälen.

Raymond Poulidor kann dies auch. Der in Frankreich zärtlich *Poupou* genannte Radfahrer gelangt bei insgesamt zwölf Versuchen zwischen 1962 und 1976 niemals als Erster ins Ziel nach Paris, obwohl er die Willensstärke, das Talent, die Kraft und die Fähigkeiten samt und sonders mitbringt. So oft er es auch versucht – kein einziges Mal darf er das berühmte gelbe Trikot des aktuellen Spitzenreiters im Klassement überstreifen, stets fehlt ihm ein Meter, eine Sekunde, ein Wimpernschlag.

Raymond Poulidor kämpft, er kämpft wie ein Löwe. Immer ist er am Hinterrad seiner Rivalen, stets schüttelt er Dutzende und Aberdutzende ab. Er ist unter den Ersten in den Bergen und auf den Ebenen, beim Blick auf die Platzierungen taucht er fast immer weit vorne auf. Doch niemals ganz vorne. Nie steht er auf dem obersten Treppchen, immer reicht er anderen die Hand zur Gratulation. *Poupou* gilt heute in Frankreich als Synonym für das Wort *Pechvogel* – sogar in das große Wörterbuch der französischen Sprache, den *Larousse*, hat der Begriff Einzug gehalten. Dreimal wird Poulidor Zweiter der großen Schleife, fünfmal beendet er sie auf dem dritten Platz. Noch als 40-Jähriger hechelt er seinem Traum hinterher – vergeblich. Poupou gewinnt niemals, Poupou ist ein Verlierer, Poupou ist ein Held.

Kater Karlo und die Panzerknacker – Rätsel der Justiz

Jede ordentliche Abenteuergeschichte braucht einen Schurken. Das ist bei Karl May nicht anders als in den bunten Bilderwelten von Micky Maus oder Donald Duck. Mickys ewiger Widerpart ist ein Kater namens Karlo – in Donalds Fall ist die Sachlage ein wenig komplizierter. Denn sein größter Feind ist er selbst in seiner ganzen Tölpelhaftigkeit, seinem Ungeschick, seiner anmaßenden Selbstüberschätzung. Doch wahrscheinlich um ihn aus seinem darob entstandenen Selbstmitleid zu reißen, „verordnet" ihm Onkel Dagobert (der Gute) in schöner Regelmäßigkeit einen Ersatzgegner: die Panzerknacker. Diese Herren befassen sich gewerblich, wie es ihr Name schon sagt, mit dem Knacken von Panzerschränken, sind also profane Diebe. Da bekanntlich Onkel Dagoberts Geldspeicher der mit Abstand größte und am üppigsten gefüllte aller Panzerschränke ist, versuchen sie sich in schöner Regelmäßigkeit just an diesem scheinbar uneinnehmbaren Modell eines Safes und ... scheitern in ebenso schöner Regelmäßigkeit. Entweder Dagobert selbst, häufiger jedoch Donald und seine neunmalklugen Neffen machen der Panzerknackerbande einen Strich durch die Rechnung, verhindern das Gelingen des kühnen Raubzugs und nehmen die untersetzt gebauten Kriminellen gefangen. Warum diese dann im nächsten Abenteuer erneut auftauchen und sich am selben Objekt der Begierde orientieren, ist eines der ewigen Rätsel der Entenhausener Justizgeschichte: Warum die Panzerknacker angesichts der Fülle ihrer Vorstrafen und

Verurteilungen nicht auf ewig hinter Gittern sitzen, mag kaum einleuchten. Vielleicht sind es aber auch in jedem Heft andere Panzerknacker? Vielleicht ist das Entenhausener Gefängnis mittlerweile randvoll mit diesen Räubern? Denn zum einen gleichen sich die Gestalten in ihrer Statur und ihrem Auftreten wie ein Ei dem anderen, zum anderen hat noch keiner von diesen drei, vier, fünf oder wer weiß wie vielen Gesellen je seine Maske abgenommen, sodass auch die Physiognomie der Panzerknacker keinem Leser bislang je bekannt wurde. Ihre Gesichter sind breitflächig und grobkörnig, die Augenpartie wird von einer schmalen, schwarzen Binde bedeckt – reicht dies, um auszuschließen, dass es womöglich Hunderte von ihnen gibt? Fest steht, dass sie am Ende stets mit leeren Händen dastehen, übertölpelt und überwältigt von kleinen Enten und deren Verbündeten. Allein die Beschaffenheit und Größe ihrer Gegner ist für die Panzerknacker kein Ruhmesbeweis, fast Mitleid möchte man mit ihnen haben.
Dies fällt bei Kater Karlo schon wesentlich schwerer. Der Dicke mit der hässlich schiefen Visage, den kräftigen Zähnen und den äußerst unsympathischen wechselnden Verbündeten ist eine Mischung aus trickreichem Räuber und brutalem Schläger. Er scheut sich im Gegensatz zu den Panzerknackern nicht, seine Raubzüge mit körperlicher Nachhaltigkeit und unter Einsatz verschiedenster Schusswaffen durchzuführen. Während die Panzerknacker sich höchstens ab und an des rohen Holzknüppels bedienen und wahrscheinlich gar nicht wüssten, wie eine Pistole zu bedienen ist, finden sich in Karlos feisten Pranken Maschinenpistolen und Flammenwerfer. Stets ist er auf der Jagd nach verborgenen Schätzen und dem Vermögen hilfloser Gutmenschen, stets ist Micky Maus sein überlegener Gegner. Der Mäuserich mit dem Knubbel auf der Nase gilt als eloquenteste Figur im weiten Umkreis, wobei sich niemals ganz erschließt, warum auch eine so kluge Maus im Universum der Erpel, in Entenhausen, leben muss. Hätte

man nicht wenigstens einen Nachbarort schaffen können? Mausheim beispielsweise? Sei's drum – zurück zu Kater Karlo, der über eine fantastische Palette an Fähigkeiten verfügt. Nicht nur, dass er alle möglichen Arten von Waffen zu bedienen weiß, nein, er kann auch einen Hubschrauber fliegen, hat Grundkenntnisse in Sprengstofftechnik, ist in der Lage, Raketen zu basteln und komplizierteste Fernsteuereinrichtungen zu erschaffen. Bei uns wäre Kater Karlo höchstwahrscheinlich ein überaus geschätzter Mitarbeiter der Raumfahrtindustrie und seine hohe kriminelle Energie würde man als Macke eines verschrobenen Wissenschaftlers ebenso lächelnd wie billigend in Kauf nehmen. In Entenhausen jedoch werden seine Fähigkeiten und Kenntnisse weit geringer geschätzt, verfügt doch Micky Maus über ein noch breiteres Spektrum an Talenten und ist deshalb immer wieder in der Lage, dem verhassten Kater zahlreiche Striche durch ebenso zahlreiche Rechnungen zu machen. Auch Kater Karlo wird immer wieder eingesperrt, auch Kater Karlo findet man ständig wieder auf freiem Fuß. So lange sich dieses Rätsel nicht lösen lässt, nehmen wir ihn so, wie er eben ist: ein Genie des Verbrechens bar jeglicher Erfolgsaussichten. Ein armer Dreckskerl.

4. Getrieben

Odysseus – Männer fragen ungern nach dem Weg

Stellen Sie sich vor, Sie wollten nur mal kurz Zigaretten holen und durch widrige Umstände („Schatz, der Verkehr war einfach mörderisch") kommen Sie erst nach 20 Jahren wieder heim. So geschieht es einem Herrn namens Odysseus (lateinisch: Ulixes), dem man allerdings nicht vorwerfen kann, er hätte nicht versucht, sein Schicksal abzuwenden. Ein Orakel nämlich sagt ihm voraus, er werde erst nach den besagten 20 Jahren heimkehren können, wenn er nun in den Krieg ziehe, und um der drohenden Einberufung zu entgehen, stellt sich der Sohn des Laertes einfach völlig dumm. Doch was etliche Jahrhunderte später bei einem gewissen *Felix Krull* (Romanfigur bei Thomas Mann) blendend funktioniert, will bei Odysseus nicht so recht klappen. Der Simulant wird enttarnt, übergibt Haus und Hof an seinen Freund Mentor und macht sich auf in Richtung feindliches Troja.

Dort beginnt er allmählich zu begreifen, was es mit der Weissagung des Orakels auf sich haben könnte. Der Krieg nämlich zieht sich wie ein Kaugummi in unendliche Länge. Obwohl Odysseus durch List und Tücke etliche kurzfristige Erfolge erringt, scheinen die Mauern der Stadt uneinnehmbar, bis er schließlich zum Bau des hölzernen Pferdes rät...

Der Rest dieser Story ist bekannt, doch damit beginnt schon die nächste. Zehn Jahre sitzt Odysseus vor Troja fest und im Vertrauen darauf, dass das Orakel sich vielleicht verrechnet hat, macht er sich mit 500 seiner überlebenden Gefährten auf den Heimweg übers Wasser nach Ithaka. Was ihm fortan widerfährt, ist unter dem Werksnamen *Ilias* im Detail nachzulesen. Deshalb nur einige Stichworte: Widrige Winde blasen die kleine Flotte abwechselnd in die verschiedensten Himmelsrichtungen. Im Land der Lotophagen hat seine Truppe ein Drogenproblem, auf der Insel des Zyklopen-Riesen Polyphemos – ein Sohn des Poseidon – werden sechs Mannschaftsmitglieder verspeist, ehe Odysseus den einäugigen Riesen betrunken macht, blendet und die Flucht einleitet. Und von den ungastlichen Laistrygonen werden zwölf seiner Schiffe zertrümmert. Die arg geschrumpfte Truppe wird durch das Ungeheuer Skylla weiter dezimiert, von den Sirenen in Versuchung geführt und schließlich von einem grantigen Zeus per Sturmfront fast vollständig aufgerieben – nur, weil einige der Seeleute ein paar Kühe des Sonnengottes Helios verspeist haben. Lediglich Odysseus überlebt, hängt sich malerisch an eine Planke und wird schließlich zum Inselchen der Nymphe Kalypso getrieben, die ihn sieben Jahre lang als persönlichen Freudenspender vereinnahmt und erst dann in Richtung Heimat entlässt. Auch jetzt geht längst nicht alles glatt weil Poseidon die Blendung seines zyklopischen Sohnemannes per Sturm zu rächen versucht, so dass das Floß des Helden schon wieder an der falschen Küste strandet. Erst von den Gestaden der Nausikaa geht's schließlich in Richtung Heimat, wo er die treue Gattin von aufdringlichen Verehrern belagert vorfindet. Kurzerhand erschlägt er das ganze Gesocks und darf sich, exakt nach Ablauf der 20 geweissagten Jahre, im nicht mehr für möglich gehaltenen Happy end tummeln. Die 20 Jahre allerdings – die bringt ihm niemand zurück. Odysseus hatte somit die mutmaßlich längste Midlife Crisis der Männerwelt.

Vincent van Gogh – Weiber, Wein und Wahn

Oh nein, man täte ihm keinen Gefallen, würde man ihn heute nur als einen armen, bemitleidenswerten Irren sehen, der eben jenes eine, jenes grandiose Talent gehabt habe – gleich einem Autisten, der Telefonbücher auswendig zu lernen vermag. Nein, Vincent van Gogh ist zu seinen Lebzeiten viel mehr als nur ein rothaariger verrückter Holländer, er ist mehr als ein egozentrischer Hypochonder, der seine Umgebung ausbeutet und schikaniert, und er ist lange, lange Jahre viel weniger als ein genialer Maler: Vincent van Gogh, geboren am 30. März des Jahres 1853 in Groot-Zundert, einem Dorf im Norden Brabants, ist ein getriebener, unsteter, besessener Spätberufener – er ist Vagabund, Trunkenbold, Wüstling und bemitleidenswerte Kreatur in einem, er ist das Biest, das stets die Schönen will und ebenso stets zurückgewiesen wird. Vincent van Gogh ist Zeit seines Lebens eine tragische Figur.

Für das erste seiner zahlreichen Traumata ist allein das Datum seiner Geburt verantwortlich. Vincent-Willem van Gogh wird auf den Tag genau ein Jahr nach seinem Bruder, dem im Kindbett Gestorbenen, geboren und er wird auf dessen Namen getauft. Diese „Stellvertreterrolle", aus der vor allem seine Mutter keinen Hehl macht, ist ihm früh schon zuwider – der rothaarige Junge, dem in den Folgejahren noch fünf weitere Geschwister folgen, fällt früh durch Wildheit, Trotz und eine konsequente Verweigerungshaltung auf. Dem strengen Vater verdankt er vor allem eines: sein zweites Trauma. Es erwächst

aus der Tatsache, dass dieser protestantische Pastor seinen Sprössling nach elf Lebensjahren für völlig missraten hält und ihn kurzerhand in ein Internat abschiebt. Das verzeiht Vincent seinen Eltern nie – die Rolle des Verlassenen kultiviert er seitdem sorgfältig und stets am Rande der Hysterie.
Als junger Mann tummelt er sich in verschiedenen Berufen – nirgendwo hält es ihn länger, fast überall fällt er unangenehm auf. Eine Weile verbringt er in London, verliebt sich dort, wird zurückgewiesen, kehrt nach Holland zurück, versucht sich als Hauslehrer, Buchhändler und schließlich sogar an einem Theologiestudium, scheitert immer wieder, wird immer wieder ab- oder zurückgewiesen und pflegt mit Inbrunst seine Neurosen. Eine Weile arbeitet er als Hilfsgeistlicher in einem Grubengebiet, engagiert sich dabei jedoch so intensiv für die Ärmsten, dass der dortige „Ausschuss für Glaubensverbreitung" bei ihm umstürzlerische Tendenzen argwöhnt und ihn wieder entlässt.
In jener Zeit jedoch – insofern ist sie nicht gänzlich verschwendet – beginnt van Gogh zu zeichnen. Der junge Mann, der bislang scheinbar ohne jegliches Talent sein Leben fristete, entdeckt, wie leicht es ihm fällt, Dinge und Menschen, Eindrücke und Gedanken mit schnellen Strichen, Tupfern, Kohlestiften, Pinseln und Farben festzuhalten. Einige Monate versucht er sich an der Brüsseler Kunstakademie, jedoch erweist er sich auch hier als überaus renitent gegenüber jeglicher Autorität und zieht für eine Weile ins elterliche Heim nach Groot-Zundert. Wieder einmal verliebt er sich, wieder einmal wird er – diesmal von seiner Cousine – zurückgewiesen. Seine Bilder können ihr nicht imponieren, der schmächtige, stets nervös wirkende Zappelphilipp Vincent als Person ohnehin nicht. Der junge Maler zieht 1881 nach Den Haag, lernt dort eine Prostituierte kennen, doch seine Geschwister drängen ihn dazu, die glückliche Verbindung mit der älteren Frau wieder zu lösen. Immerhin verkauft er nun ab und an einige seiner

Zeichnungen – mit den Erlösen daraus und mit den bescheidenen Zuwendungen seines Lieblingsbruders Theo bestreitet er mehr schlecht als recht seinen Lebensunterhalt.
Theo ist es auch, der Vincent im Januar 1886 nach Paris holt. Der jüngere Bruder des nach wie vor erfolglosen Malers leitet dort eine kleine Galerie am Montmartre und bietet Vincent nun an, dort seine Bilder auszustellen. Zum ersten Mal besteht für den Älteren nun die Chance auf ein besseres Leben. Er, der jahrelang im Verborgenen arbeitete, dessen Malkunst kaum bemerkt, geschweige denn gewürdigt wurde, trifft in der Stadt an der Seine Gleichgesinnte. Er verkehrt mit Claude Monet und Henri de Toulouse-Lautrec, mit Pierre-Auguste Renoir und Edgar Degas. Hier erfährt er Anerkennung, hier entdeckt er für sich die Technik des Pointillismus, hier wird aus dem schlichten Maler naturalistischer Ölgemälde der kühne Impressionist. Noch immer trägt er schwer an der Bürde seines Lebens, noch immer erhören die Frauen den hässlichen Rothaarigen nicht, noch immer lassen sich seine Bilder nicht verkaufen und noch immer ist er auf Geldgeschenke seines Bruders angewiesen. Immerhin aber sieht er nun einen Lichtstreifen am Ende des Tunnels – fühlt sich erstmals aufgenommen und integriert in eine Gemeinschaft von Künstlern.
Wie tragisch muss es da anmuten, dass seine „Aussetzer" zunehmen, dass nun auch die Syphilis, die er sich Jahre zuvor in einem Bordell zugezogen hat, seinen ohnehin schwächlichen Körper weiter auszuzehren beginnt, ihn anfällig macht für Krankheiten und die Seele empfänglich für Düsternis. Immer häufiger betrinkt sich Vincent, immer schwieriger wird es für seinen Bruder Theo, mit ihm zurechtzukommen. So schickt er den schwierigen Künstler schließlich in die Provinz – in Arles soll Vincent sich nur und ausschließlich aufs Malen konzentrieren und dafür überweist Theo ihm monatlich 200 Francs.

Die reichen zwar selten aus, denn Vincent gibt das gesamte Geld zumeist bis zur Monatsmitte für Wein und Weib mit vollen Händen aus und ernährt sich anschließend tagelang von Kaffee und Kräutern aus dem Garten, doch seiner Produktivität tut dies keinen Abbruch. Von März bis September 1888 entstehen unter anderem seine Sonnenblumenbilder sowie das berühmte Gemälde *Brücke von Langlois in Arles*.

Immer häufiger aber überfallen ihn in dieser Zeit auch Depression und Raserei – als ihn der ebenfalls höchst extrovertierte Maler Paul Gauguin besucht, eskaliert die Situation. Nach einem heftigen Streit der beiden schneidet sich van Gogh mittels Rasiermesser einen Teil des linken Ohrs ab, schlägt das blutige Stück in ein Taschentuch ein und bringt es seiner aktuellen Lieblingsprostituierten Rachel als Geschenk ins Bordell. Wieder bei Besinnung, lässt er sich erstmals freiwillig von einem Nervenarzt behandeln, doch dessen Diagnose ist nicht bekannt und hilft van Gogh offensichtlich auch nicht weiter. Da sich Schlaflosigkeit, Halluzinationen und Raserei in den Folgemonaten des Jahres 1889 zu einer unheilvollen Mixtur aufblähen, erwirken aufgebrachte Nachbarn in Arles seine zwangsweise Einlieferung in ein Krankenhaus: Der rothaarige Verrückte hat hier nichts mehr zu suchen, ist man sich einig.

Nur noch für wenige Tage und Wochen verlässt van Gogh die Kliniken in den kommenden Monaten. Mehrmals versucht er sich durch das Verschlucken von Farben zu vergiften, immer wieder drangsaliert er die Pfleger und Ärzte mit seinen Wutanfällen. Die Ursache seiner geistigen Störungen wird nie herausgefunden – Psychologen des 20. Jahrhunderts diagnostizieren anhand der alten Akten und Erzählungen von Zeitgenossen eine „traumatische Neurose".

Im März 1890 erfährt Vincent eine unerwartete Anerkennung, die seinen Zustand vorübergehend bessert: Auf dem *Salon der unabhängigen Künstler* – mit organisiert von seinem Bruder

Theo – finden seine Bilder großen Anklang, Monet lobt sie sogar als „Meisterwerke“ und „beste Stücke einer großartigen Ausstellung“. Kurz kehrt Vincent daraufhin für ein paar Tage nach Paris zurück, reist auf Theos Drängen jedoch weiter nach Auvers-sur-Oise. In diesem kleinen beschaulichen Ort wird er vom Nervenarzt Dr. Gachet betreut, dessen Portrait rund 100 Jahre später für 82 Millionen Dollar den Besitzer wechseln wird. Van Gogh jedoch bringt das Bild keinen einzigen Centime – er wird sogar mit Hausverbot belegt, als der Arzt herausfindet, dass der Maler eine Affäre mit seiner Tochter begonnen hat.

Am 27. Juli 1890 kommt Vincent van Gogh von einem Spaziergang spät in sein bescheidenes Zuhause – ein Zimmer über dem Café des Ehepaares Ravoux. Er leidet Schmerzen und dem alarmierten Arzt gesteht er, sich eine Kugel in die Brust geschossen zu haben. Ob zufällig oder in selbstmörderischer Absicht, ist nicht festzustellen – Vincent äußert sich dazu nicht. Er stirbt in den frühen Morgenstunden des 29. Juli im Beisein seines herbeigeeilten Bruders und wird auf dem kleinen Friedhof von Auvers beigesetzt. Dr. Gachet sagt in seiner Grabrede: „Er kannte nur zwei Ziele: die Menschlichkeit und die Kunst.“

Vincent van Gogh wird nur 37 Jahre alt. Dass seine Bilder zu horrenden Preisen gehandelt werden, dass sein Name in einem Atemzug mit Rembrandt oder Rubens genannt wird, dass sich Heerscharen von Kunststudenten und Fälschern an seiner Technik versuchen – all dies erlebt er nicht mehr mit. Ob der ewig Leidende, der Trunksüchtige, der egomanische Exzentriker diese Art von Ruhm überhaupt verkraftet hätte, ist eine andere Frage – Menschen wie er scheinen für die Tragödie geboren worden zu sein.

Oscar Wilde –
Freudig erregt in den Untergang

Ein Biograf schreibt in den 50er Jahren über Oscar Wilde: „Er war ein Wortführer der ästhetischen Bewegung." Der so Genannte hätte über einen derartigen Satz vielleicht gelacht, möglicherweise nur gelächelt und wahrscheinlich hätte er den Schreiber jener Zeile mit wohlgesetzten Worten der Lächerlichkeit preisgegeben. Oscar Wilde war zwar stets Wortführer, doch immer nur für eine Sache: für sich selbst. Denn, so lautet einer seiner viel zitierten Sinnsprüche: „Die Liebe zu sich selbst ist oft der Anfang einer lebenslangen Romanze."

Geboren wird Oscar Wilde am 16. September 1854 in Dublin. Der Sohn eines Ohrenarztes und einer stadtbekannten Gelegenheitsdichterin fällt bereits am Dubliner Trinity College als brillanter Spötter auf, der mit einer unendlichen Begabung für Sprachen und einer ebenso unendlichen Abneigung gegen körperliche Bewegung ausgestattet ist. Er wechselt nach Oxford, erlangt an der dortigen Universität innerhalb von vier Jahren den Ruf eines Originals: Scharfzüngig, zynisch und eitel, ist er vielen seiner Kommilitonen ein Dorn im Auge, doch der selbst ernannte pummelige Wiedergänger des Apoll ist vielen auch nachahmenswertes Vorbild. Nach dem Studium hält der brillante Sonderling Einzug in die besseren Kreise Londons, glänzt durch begnadete Rhetorik, lässt sich von wohlhabenden Veranstalterinnen literarischer Zirkel und Salons aushalten und genießt das Leben. Seine Bonmots werden von Zeitungen zitiert, sein affektiertes, gestenreiches und

von bösartigster Ironie durchdrungenes Verhalten macht ihn zum Darling der oberen Zehntausend.
Wilde selbst weiß sich in diesen Tagen durchaus richtig einzuschätzen. Er benehme sich „schrecklich", vertraut er einem Freund an, doch gerade dies erwarteten die Leute von ihm. Mit dem berühmten Komponisten-Duo Gilbert und Sullivan unternimmt er eine umjubelte Gastspielreise durch Amerika – die beiden hatten ihn als Vorbild für die Hauptfigur ihrer Oper *Patience* auserkoren. Der Ire mit dem näselnden Oxford-Englisch, dem arroganten Habitus und den bunten Knickerbockern wird von den Theaterbesuchern der neuen Welt wie ein Popstar verehrt. Seine stets spontanen Moderationen vor der Aufführung des lustigen Musikstückes und in den Pausen sind zumeist die eigentliche Attraktion des Abends. Mit spitzer Zunge macht er sich über alles und jeden lustig – am allermeisten karikiert er sich selbst.
1884 heiratet Wilde die drei Jahre jüngere Constanze Mary Lloyd und zeugt mit der begabten Pianistin und stillen Schönheit zwei Söhne. Diesen ist er in den Folgejahren nicht nur ein liebevoller, sondern auch ein höchst unterhaltsamer Vater: Kaum sind die beiden alt genug, um ihm folgen zu können, schreibt er ihnen Märchen, liest ihnen vor und geht – zur Überraschung aller Freunde – sogar stundenlang mit ihnen in die Parks und Grünanlagen der Umgebung.
In diese Zeit fällt auch der Beginn seiner literarischen Laufbahn. War sein Einkommen bisher von der Großzügigkeit einiger Gönner abhängig, so beginnt er jetzt ernsthaft zu schreiben. 1887 erwirbt er sich mit dem *Gespenst von Canterville* erste Meriten als Verfasser komödiantisch-ironischer Kost und lässt mit *Lord Arthur Saviles Verbrechen* ein weiteres Kleinod der leichten Muse folgen. Auch der wunderschöne Band *Der glückliche Prinz und andere Märchen* stammt vom scheinbar geläuterten Salonlöwen, der dieses Werk seinen Kindern widmet.

1890 schließlich setzt Oscar Wilde neue Maßstäbe in der englischsprachigen Literatur des 19. Jahrhunderts. *Das Bildnis des Dorian Gray*, eine ebenso schauerliche wie eindrucksvolle Allegorie auf den Drang des Menschen zur Göttlichkeit, wird von Kritik und Publikum gleichermaßen gefeiert – und der Verfasser ist vom Hansdampf in allen Gassen zu einem der anerkanntesten Literaten des Empires geworden.

Mit *Salomé* bestätigt er den Erfolg ein Jahr später und könnte sich nun bereits auf den Lorbeeren dieser kreativen halben Dekade ausruhen. Doch Wilde wäre nicht Wilde, wenn er sein Leben nicht bis zur Neige auskosten würde. Der Erfolg ist ihm nicht zu Kopf gestiegen, im Gegenteil, er langweilt ihn. Mit seiner mehr oder weniger offen zur Schau getragenen Zuneigung zu Lord Alfred Douglas – immerhin 16 Jahre jünger als Wilde – heizt er die Gerüchteküche an. Zwar empfindet er für seine Frau nach wie vor Zuneigung und Verbundenheit, doch nun möchte er auch die Freuden der Männerliebe auskosten – im viktorianischen England nicht nur gleichbedeutend mit der gesellschaftlichen Ächtung, sondern auch strafwürdiges Delikt. Als der Vater seines Geliebten ihn der „Sodomie" – seinerzeit ein gebräuchliches Wort für alle Spielarten scheinbar „abartiger" Erotik – bezichtigt, geht Wilde zu weit. Er verklagt den greisen Lord wegen Verleumdung, hat damit den Bogen aber eindeutig überspannt. Aus dem Kläger wird binnen weniger Tage ein Angeklagter, der von einem angewiderten Richter zur Höchststrafe von zwei Jahren Zuchthaus verurteilt wird.

Natürlich hätte Wilde fliehen können, als das Urteil sich abzuzeichnen begann. Lord Alfred hatte es vorgemacht und sich nach Frankreich abgesetzt, doch Wilde bleibt und erwartet das Unausweichliche. In einem Brief aus dem Gefängnis schreibt er an einen Freund: „Müde, ganz oben zu sein, ging ich mit klarem Vorsatz in die Tiefe, auf der Suche nach neuen Sensationen."

Das Zuchthaus Reading ist tatsächlich eine „Sensation" für ihn.

Eng, feucht, kalt, finster und von einem unbeschreiblichen Gestank erfüllt ist seine Zelle – seine Mithäftlinge meiden oder verspotten ihn, die Wärter behandeln ihn grob und mit kalter Verachtung. Die Gefängniskost greift seine Gesundheit an, sämtliche Gnadengesuche werden abgelehnt. Nur Schreibzeug bewilligt ihm der Direktor, doch mehr als lange Briefe und kurze Gedanken wollen Wilde in dieser Atmosphäre nicht gelingen. Nach zwei Jahren wird er endlich entlassen – verarmt und gehasst von jener Gesellschaft, die ihn einst als einen Halbgott verehrte. Seine Frau will ihn nicht mehr sehen, seine Kinder darf er nicht besuchen.

Er zieht nach Paris, wo er sich „Sebastian Melmoth" nennt und von Almosen alter Bekannter ernährt. Ständig pleite, immer wieder kränkelnd und weit vom alten Genius entfernt, vegetiert er in einem schäbigen Pensionszimmer dahin und nur mit der *Ballade vom Zuchthaus zu Reading* gelingt ihm noch einmal eine Rückkehr zu vergangener Brillanz. In diesem Versepos entfernt er sich vollständig von jenen Typen, die er bis dahin stets so gerne gezeichnet hatte: den Dandys, den Zynikern, den Überdrüssigen. Jetzt geht es um einen ehemaligen Soldaten, der seine Geliebte ermordet hat und demnächst hängen soll – ein eindringliches, bestürzend schönes und dabei bezaubernd schlichtes Werk von großer Kraft.

Oscar Wilde stirbt am 30. November 1900 in Paris – erst fünf Jahre später nimmt man in London wieder Notiz von den literarischen Schöpfungen des Verfemten. *Salomé* wird uraufgeführt und gefeiert – wenig später werden seine gesammelten Werke herausgegeben. Der Narziss hätte seine Freude daran gehabt.

Wolfgang Borchert –
Das kurze, tragische Leben eines Genies

Unter den Chronisten ist er wohl der Traurigste, unter den Verlorenen mag er der Einsamste sein: Wolfgang Borchert. Der Dichter aus Hamburg wird 1921 geboren, überlebt den Krieg und stirbt 1947 – ein Opfer der Unmenschlichkeit, die Stimme einer verlorenen, verratenen Generation.

Borcherts Jugend in Hamburg ist eine außergewöhnlich gewöhnliche. Der stille Vater, die extrovertierte Mutter, der sonderbare Onkel – der Junge findet in der Familie Geborgenheit und Liebe und ist dennoch stets auf der Suche nach Individualität. Gruppenzwang ist ihm zuwider, in der Hitlerjugend findet er sich nur widerwillig ein – nach einigen Besuchen gelingt es ihm, dieser Verpflichtung mehr oder weniger auffällig zu entgehen. Auf Bestreben seiner Eltern beginnt er im Jahr 1939 eine Buchhändlerlehre, die er jedoch 1940 abbricht, weil er diese Form des geregelten Broterwerbs kaum ertragen kann. Er veröffentlicht erste Gedichte und beschließt dann – gegen den ausdrücklichen Wunsch seiner Eltern – seinem Herzen zu folgen: Er wird Schauspieler bei der „Landesbühne Ost-Hannover", einer kleinen Wanderbühne. Zwischen den Artisten, in diesem eher kärglichen Alltag und Ambiente, liegt seine Berufung. Hier erlebt er nach eigenen Worten die glücklichste Zeit seines Lebens.

Diese jedoch währt nur ein paar Monate. Im Juni 1941 wird er zum Kriegsdienst eingezogen, an die Ostfront geschickt und verwundet. Zudem erkrankt er an Gelbsucht und

Diphterie. Wegen einer angeblichen Selbstverstümmelung – Borchert erleidet wahrscheinlich durch einen Querschläger eine Schussverletzung an der Hand – wird er angeklagt, nach mehrmonatiger Untersuchungshaft jedoch freigesprochen. Im Gefängnis verschlimmert sich seine Krankheit – immer wieder plagen ihn Fieberschübe. Von einem Offizier erbittet er sich Papier und Bleistift und schreibt in den Kerkermonaten wie ein Besessener. Gedichte, aber auch Kurzgeschichten entstehen hier, Zeilen, die sich mit der Unmenschlichkeit des Krieges und mit der Entmenschlichung seiner Protagonisten befassen. Anfang 1943 wird er als unheilbar krank zunächst aus der Armee entlassen, kehrt nach Hamburg zurück und arbeitet in den Kellern und Kneipen der Hansestadt als Kabarettist.
Eine Parodie auf Propagandaminister Joseph Goebbels wird ihm zum Verhängnis: Ein Besucher der Aufführung denunziert ihn bei der Gestapo – es folgt eine Verurteilung zu neun Monaten Gefängnis wegen Defätismus. Er wird vorzeitig aus der Haft entlassen, aber nur, um sich an der Front zu „bewähren". In diesen letzten Monaten des Zweiten Weltkriegs erlebt der sensible Borchert seine persönliche Hölle: Die Bilder von Tod und Töten, von Angst, Hass und Grausamkeit prägen sich tief ein, verfolgen ihn von nun an bis an sein Lebensende. Nach seiner Flucht aus französischer Kriegsgefangenschaft kehrt Borchert wieder einmal in sein geliebtes Hamburg zurück. Er findet die Stadt in Trümmern – er lebt und schreibt in Ruinen. Er ahnt zu diesem Zeitpunkt bereits, dass er nicht mehr lange leben wird. Die nie ausgeheilte Gelbsucht hat seinen Körper geschwächt, sein Immunsystem praktisch aufgezehrt. Einem Freund vertraut er an: „Allzu alt werde ich bei meiner Gesundheit kaum werden (...) Ja, wenn ich wüsste, dass ich meine Arbeit bis zum 30. Lebensjahr beendet haben müsste, oder ich würde sie nicht erreichen, so würde ich auch das auf mich nehmen. Lieber ganz gestorben und gelebt, als alt geworden und die Welt immer nur tropfenweise genossen."

Doch ein paar Tropfen mehr hätten es wohl noch sein sollen für einen wie ihn, einen, der die Befindlichkeit der Menschen jener Tage wie kein Zweiter in Zeilen zu legen vermag. Der frisch gebackene Regieassistent am Hamburger Schauspielhaus veröffentlicht 1946 die Gedichtsammlung *Laterne, Nacht und Sterne* – Texte, die er zwischen 1940 und 1945 verfasst hatte. Kurzgeschichten folgen – unter anderem *Die Hundeblume* – und 1947 schreibt er innerhalb nur einer Woche das Drama *Draußen vor der Tür.*

Borchert ist in diesen Tagen von der Krankheit schwer gezeichnet, lebt schon seit Monaten im Elisabeth-Hospital. Wie viele andere leidet auch er an Mangelerscheinungen – in seinem Fall ein tödlicher Katalysator für seine Gelbsucht. Im Herbst bringen ihn Freunde zur Kur in die Schweiz. Dort erfährt er, dass sein Drama als Hörspiel gesendet wurde, dass es überaus erfolgreich ist, dass Menschen in ganz Norddeutschland nun mehr über den Mann erfahren wollen, der ihnen, den Kriegsheimkehrern, den Verlorenen und Verzweifelten so sehr aus der Seele spricht. Diese Anerkennung, diese Anteilnahme und auch die Uraufführung seines Stückes in den Hamburger Kammerspielen – all das kommt zu spät für Wolfgang Borchert. Er stirbt entkräftet, abgemagert bis zur Unkenntlichkeit, im Krankenhaus zu Basel. Der kranke Soldat, der traurige Heimkehrer, die Stimme der Verlorenen wird gerade einmal 26 Jahre alt.

Evita Perón –
Gierige Göttin der Armen

Mythos, Legende – Evita. Für einen Argentinier ist dies eine durchaus nachvollziehbare Steigerung, denn Evita Perón ist schon zu Lebzeiten weit mehr als „nur“ eine Frau. Und doch ist sie, bei Licht betrachtet, eine Verliererin. Denn ihr Stern, der zu Lebzeiten glänzte, bekam nach ihrem Tod hässliche dunkle Flecken, die nicht mehr wegzuwischen sind.
Geboren wird sie am 7. Mai 1919 in ärmlichen Verhältnissen in einem kleinen Dorf unweit von Buenos Aires. Mit 15 Jahren geht das ehrgeizige, brünette Mädchen in die große Stadt, um dort eine Bühnenkarriere zu starten. Sie arbeitet in zweifelhaften Nachtclubs, sucht sich Liebhaber nach deren gesellschaftlichem Einfluss aus, „erblondet“ zwischenzeitlich und moderiert schließlich ihre eigene, überaus populäre tägliche Radioshow. Anfang 1944 lernt Evita auf einer Wohltätigkeitsveranstaltung den damaligen Kriegsminister Juan Perón kennen – das politische Traumpaar Südamerikas hat sich gefunden.

Im Oktober 1945 – ein Militärputsch ist soeben nicht zuletzt dank Evitas Radiosendungen kläglich gescheitert – heiraten die beiden. Wenig später wird Juan Perón zum Präsidenten gewählt. Die First Lady nutzt ihre neue Macht. Von den Reichen des Landes aufgrund ihrer Herkunft als Emporkömmling verachtet, setzt sie bei ihrem Gatten schon 1947 das Wahlrecht für Frauen durch und erklärt sich selbst zur letzten Hoffnung der geschundenen Arbeiterschaft.

Jenseits der politischen Willensbekundungen jedoch herrscht

das Paar im diktatorischen Stil. Schlüsselpositionen werden mit Vertrauten besetzt, Gegner systematisch bespitzelt und mundtot gemacht. Evita – das weiß man heute – lebt in verschwenderischem Luxus, gibt Millionen für Schuhe, Kleider und Schmuck aus – und scheint doch unangreifbar. So sehr das Volk auch auf ihren Gatten schimpft, so sehr liebt es Evita. Das kleine Mädchen aus der Provinz ist nun mehr als eine Prinzessin – es ist die Ikone, das Licht der Massen.

Lange jedoch kann sie sich ihres Glückes nicht erfreuen: 1951 erkrankt Evita Perón, der vorgebliche Engel der Armen, an Leukämie. Es sind diese Armen, die zu Hunderten und Tausenden tagelang vor der prachtvollen Residenz des Präsidentenpaares sitzen, um Evitas Genesung beten und die Volksheldin schließlich doch beweinen müssen. Am 26. Juli 1952 stirbt Evita Perón. Sie ist nur 33 Jahre alt geworden.

Zum Mythos wird sie ironischerweise vor allem durch ihre Feinde. Nach dem Sturz ihres Mannes im Jahr 1955 versuchen die neuen Machthaber die Erinnerung an Evita zu unterdrücken. Ihre Portraits werden verbrannt, ihre Denkmäler geschleift, ihr Name aus den Büchern getilgt. Gerade deshalb wird sie im Argentinien der Militärjunta zu einem Sinnbild für bessere Zeiten – zu einer Heiligen, die sie in Wahrheit niemals war. Und weil diese Wahrheit mittlerweile bekannt ist, muss Evita Perón – eben doch – zu den Verlierern gezählt werden.

Bobby Fischer – Ein Schachgott setzt sich matt

Am 15. Juli 2004 schaut ein japanischer Zollbeamter am Flughafen von Narita in seinen Computer, lässt den Blick über einen Eintrag wandern, stutzt, liest noch einmal, um sich zu vergewissern, und macht dann mit seiner linken Hand ein unauffälliges Zeichen. Daraufhin nähern sich dezent zwei Herren in dunklen Anzügen – Anzüge, wie man sie auf jedem Flughafen der Welt sieht – und nehmen den Mann, der in diesem Augenblick vor dem aufmerksamen Zollbeamten steht, in ihre Mitte. In einem nur schwer verständlichen Englisch erklärt der japanische Zöllner ihm sodann: „Mister Fischer – Sie sind vorläufig festgenommen." Besagter Mister Fischer erfasst die Worte durchaus – er ist schwer verständliches Englisch mittlerweile gewöhnt. Ihr Inhalt überrascht ihn dennoch: Nach langen Jahren auf der Flucht hat Mister Fischer scheinbar nicht mehr ernsthaft damit gerechnet, dass sich noch jemand für ihn interessieren könnte.

Rückblende, die erste: Am 11. September 2001 – soeben ist das World Trade Center in Trümmer gelegt worden und die Welt steht fassungslos und vor Entsetzen wie gelähmt vor der Katastrophe – sendet ein lokaler Rundfunksender in Miami die folgenden Worte: „Das sind wunderbare Neuigkeiten. Ich gratuliere den Tätern. Ach, ich wünschte mir, dass das ganze Land so vernichtet werden würde." Die Stimme, die jene idiotischen Worte spricht, gehört einem Mann, den man zu jener Zeit schon tot und begraben wähnt: Robert James – genannt

„Bobby“ – Fischer. Nach diesem Interview verschwindet er wieder – mit unbekanntem Ziel.
Rückblende, die zweite: Im Jahr 1972 ist Bobby Fischer 29 Jahre alt. Die Welt weiß nicht so recht, was sie von ihm zu halten hat, denn einerseits ist er zweifellos eine der größten (wenn nicht die allergrößte) Schachbegabung, die je geboren wurden – andererseits hat das junge Genie die Schwelle zum Irrsinn schon mehr als einmal überschritten. Der Sohn eines deutschen Bio-Physikers und einer jüdisch-polnischen Krankenschwester, mit 15 Jahren bereits amerikanischer Schach-Großmeister, bestreitet schon 1968 ein Qualifikationsturnier um den Weltmeisterschaftskampf. Doch obwohl er eindeutig in Führung liegt, gibt er auf und verlässt den Turnierort bei Nacht und Nebel. Seine Begründung: Er habe Hitlers Buch *Mein Kampf* entdeckt und müsse dies nun unbedingt lesen. Vier Jahre später sieht es so aus, als sei Bobby zur Vernunft gekommen. Seine Heimat gibt sich versöhnlich, zumal Bobby der einzige Mensch zu sein scheint, der den Schachgroßmeistern des sowjetischen Erzfeindes ernsthaft das Wasser reichen kann. Im isländischen Reykjavik kommt es zum Kampf der Titanen: Boris Spasskij gegen Bobby Fischer. Fischer gewinnt – eindrucksvoll und mit Spielzügen, die die Fachwelt in namenlose Verzückung versetzen. „Fischer erfindet das Schachspiel neu“ und „Züge von zeitloser Schönheit“ lauten Überschriften in *Newsweek* und in der *New York Times*. Ein Amerikaner ist Schachweltmeister – der 29-Jährige wird über Nacht zum Liebling der siegestrunkenen Massen.
Fischer jedoch widersteht den Verlockungen des Ruhmes. Widersteht? Er verachtet sie sogar, wendet sich ab von der ihn umschwärmenden Welt und bastelt sich nach und nach seine eigene. In dieser fabuliert er von einer geheimen jüdisch-kommunistischen Weltregierung mit Sitz in Moskau. Er verleugnet konsequent die eigene Herkunft, schließt sich einer Sekte an, die mit unbarmherziger Regelmäßigkeit den

Weltuntergang fürs jeweils kommende Jahr ankündigt, und lässt sich sämtliche Zahnfüllungen entfernen. Der Grund? Die Kommunisten seien schon seit langem dazu übergegangen, in den Zähnen ihrer Feinde Abhörwanzen zu platzieren. Jahrelang zieht er um die Welt, rast- und ruhelos. Er mystifiziert sich selbst zum Phantom und taucht erst 1992 vorübergehend wieder auf: Ein windiger Geschäftsmann aus Serbien will im seinerzeit verfemten und isolierten Milosevic-Staat Jugoslawien eine Neuauflage des Kampfes Spasskij gegen Fischer organisieren. Fischer schert sich nicht um die internationalen Sanktionen gegen den Terror-Staat und willigt ein. Zwar drohen ihm die USA eine zehnjährige Haftstrafe an, doch dies kümmert Fischer wenig. Kaum ist das Spiel beendet – Fischer hat gewonnen, muss jedoch auf die Siegesprämie verzichten, da der Geschäftsmann mittlerweile pleite ist, – macht er sich wieder auf den Weg, ein Schatten seiner selbst. In Amerika zukkt man gedanklich die Achseln und selbst als der Ex-Weltmeister in diversen Interviews George Bush senior als „CIA-Ratte" beschimpft und dessen Sohn als „annähernd schwachsinnig" bezeichnet, hält sich der Verfolgungseifer der Behörden in überschaubaren Grenzen. Erst nach dem erwähnten Statement zum 11. September 2001 haben die Amerikaner genug vom einstigen Liebling der Schachwelt: Sein Pass wird für ungültig erklärt, er wird zur Fahndung ausgeschrieben und es kommt zur eingangs erwähnten Szene auf dem Flughafen Narita.

In einem japanischen Gefängnis einsitzend, gewinnt Bobby Fischer den Kampf gegen seine drohende Auslieferung in die USA: Im März 2005 stimmt das isländische Parlament seinem Antrag auf Einbürgerung zu – an Gründonnerstag wird er auf dem Flughafen in Reykjavik von seinen Fans mit Blumen begrüßt. Bobby Fischer ist nun Bürger jenes Landes, in dem über drei Jahrzehnte zuvor sein Weltruhm begründet wurde. Ironie am Rande: Der einstige Rivale in dem legendären Duell von Reykjavik, Boris Spasskij, den Fischer stets für einen Teil jener jüdisch-kommunistischen Weltverschwörung hielt, bat in einem Brief an den amerikanischen Präsidenten um Gnade für seinen alten Kontrahenten: „Lassen Sie ihn gehen, verfolgen Sie ihn nicht weiter, sperren Sie ihn nicht ein. Er ist, wie er ist – er kann sich nicht mehr ändern."

5. Unvollendet

Georg Büchner – Ein Leben auf der Flucht

Der Mann ist eigentlich Mediziner – Student der Zoologie, vergleichenden Anatomie und Medizin. Keine schlechte Auswahl von Studienfächern in einer Zeit, in der vor allem Wundärzte jederzeit ihr sicheres Auskommen haben. Doch der unweit von Darmstadt aufgewachsene Sohn eines Militärarztes schlägt die Laufbahn des Landarztes aus und stürzt sich in gleich zwei zweifelhafte Vergnügungen: die Politik und die Dichtkunst. Der deutschsprachigen Literatur hat er damit zweifellos einen Gefallen getan – sich selbst weit weniger.

Im Oktober 1813 in den Nachwehen der französischen Revolution und unter den drohenden Schatten des Wiener Kongresses geboren, entdeckt er schon 1833 – im zarten Alter von 19 Jahren – seine Abneigung gegen die vorherrschenden politischen Verhältnisse. Die Aristokratie ist ihm „schändlich" und zuwider. Der fürstlichen Willkür in Hessen begegnet er mit den ihm eigenen Waffen: dem Spott und der Sprachgewalt. Gemeinsam mit einem evangelischen Theologen verfasst er den *Hessischen Landboten* – eine Art Flugblatt, das die ohnehin gereizten Bauern zum Aufstand gegen die Obrigkeit anstacheln soll. Seinen Komplizen verhaften die Büttel des Adels – Büchner selbst entkommt, versteckt sich im Darmstädter Studierzimmer

und verfasst innerhalb weniger Wochen das gleichermaßen epochale wie tragische Bühnenwerk *Dantons Tod*.
Oh, welche Lust am Fabulieren, welche kraftvolle, unmittelbare, sinnliche Wortgewalt, welch lautmalerische Silben, welch vibrierender Zorn. Büchners Sprache ist so prall, so direkt, so unwiderstehlich, dass der Verlag bei der Veröffentlichung etliche Passagen unter den Tisch der Zensur gleiten lässt – zu „toll" und zu zynisch treibt's der junge Mann aus Hessen mit dem Althergebrachten, dem Gediegenen, der herrschenden Ordnung.
Aus Darmstadt flieht Büchner schließlich, kommt 1835 in Straßburg an. Er schreibt die Novelle *Lenz*, erlebt die Veröffentlichung seines Dramas *Dantons Tod* und scheint vor einer glänzenden Laufbahn zu stehen. Es entsteht die zauberhaft-beschwingte Komödie *Leonce und Lena*. Ganz nebenbei fertigt er noch seine medizinische Doktorarbeit.
1836 zieht er nach Zürich – dort wird ihm eine Stelle als Dozent für vergleichende Anatomie angeboten. Büchner spekuliert darauf, ausgestattet mit einem festen Gehalt und genügend freier Zeit, dort nach Herzenslust der Dichtkunst nachgehen zu können, doch ist ihm dies nicht mehr vergönnt. Nach mehrwöchigem Siechtum stirbt er am 19. Februar 1837 an Typhus – in seinem Nachlass wird das Fragment eines gewaltigen Werkes entdeckt: Der *Woyzeck* – gleich seinem Verfasser ein „Unvollendeter" – wird erst 1913 am Münchner Residenztheater uraufgeführt und dann zu einem der am meisten bewunderten und am häufigsten aufgeführten Stücke auf deutschen und europäischen Bühnen. Es ist müßig, doch reizvoll, darüber zu spekulieren, was Büchner noch hätte leisten können, wären ihm nur ein paar Jahre mehr vergönnt gewesen oder hätte er zumindest zu seinen Lebzeiten sich nicht gar zu oft auf der Flucht befunden. Wer weiß, ob man dann heute noch so viel von Schiller und Goethe sprechen würde, wer weiß?

Janis Joplin –
Viel zu früh ...

Vier Jahre, drei Alben und ein Festival: Die Karriere der Janis Joplin ist mit dem sattsam bekannten Musiker-Motto „Live fast, love hard, die young" (Lebe schnell, liebe heftig, stirb jung) nicht nur vereinbar – Janis Joplin lebt diesen Satz ungehemmt und bis zur bitteren Neige. Geboren wird sie am 19. Januar des Jahres 1943 im texanischen Port Arthur. Sie soll ein braves Kind gewesen sein, erst die „verfluchten Hippies" – ein Zitat ihres Vaters – machen aus seinem kleinen Mädchen den Alptraum aller Mütter. Schon als 18-Jährige singt sie in den Kneipen ihrer texanischen Heimat, tritt in Folk-Clubs auf und tingelt bereits nach kurzer Zeit durch ganz Amerika. Seriöse Musikkritiker, Journalisten und viele Musikerkollegen können mit ihrem Verständnis von „Gesang" zunächst nicht viel anfangen: Das Mädchen mit der stets ungekämmten Lockenmähne schreit, flüstert, haucht, kreischt und jammert in die Mikrofone, dass es eine Pracht ist – Singen im landläufigen Sinne kommt bei ihr eher als Ausnahme vor. Vor allem ihre offen ausgelebte und auf der Bühne in mannigfaltigen Gesten und Wortspielen präsente Sexualität ist für viele Besucher ihrer Konzerte eine schwer verdauliche Provokation.

1966 trifft das Mädchen aus der Provinz in der Hippiemetropole San Francisco ein. Magisch angezogen von den Verheißungen der Flower Power, aber auch vom Lebensstil der Swinging Sixties, der allzu oft auch Drogen beinhaltet. Sie schließt sich der Band *Big Brother and the holding company* an, tritt mit dieser beim Monterey Pop Festival auf und produziert zwei LP's. Das zweite Album enthält bereits einige Stücke, die sie selbst geschrieben hat und die später zu Legenden werden: *Piece of my heart* oder auch *Ball and chain.* Mit einer neuen Formation namens *Kozmic Blues Band* gastiert sie am 12. April 1969 in der Jahrhunderthalle in Frankfurt-Höchst. Es bleibt ihr einziges Gastspiel in Deutschland.

Ihr endgültiger Durchbruch erfolgt im Sommer 1969 auf dem legendären Woodstock-Festival. Vor Tausenden und Abertausenden Fans bearbeitet die „Königin des weißen Bluesrock" ihre Gitarre mit Händen und Füßen, schreit ihren Weltschmerz und ihre Resignation, ihre Liebe und ihre Ängste, ihre Sucht und ihre Einsamkeit hinaus – die zierliche Frau, die Zeit ihres Lebens an Depressionen leidet, badet in der atemlosen Verehrung der Masse. Von nun an ist Janis Joplin ein Star – ein Status, mit dem sie nicht zurechtkommt. Hatte sie zuvor schon Alkohol in rauen Mengen und zuweilen auch Hasch konsumiert, verfügt sie nun plötzlich über so viel Geld und Beziehungen, dass die Beschaffung harter Drogen zum Kinderspiel wird. Laut und aggressiv, exzessiv und selbstzerstörerisch gestaltet sie ihr Leben fortan als Exempel der Disziplinlosigkeit.

Nur wenn es um Musik geht, bleibt sie Perfektionistin und besessene Arbeiterin. Doch als es ihr gelingt, auch im Drogenrausch großartige Stücke zu verfassen, gibt es für sie offensichtlich keinen nachvollziehbaren Grund mehr, der beängstigenden Realität ins Auge zu blicken, wo die Flucht in den psychischen Nebel doch so einfach ist. Kurz vor Vollendung ihrer insgesamt vierten LP namens *Pearl* findet man sie am 4. Oktober 1970 tot in einem Hotelzimmer in Los Angeles. Ein wüstes Gemenge aus Alkohol und Heroin gilt als Todesursache, doch der Bluesbarde Eric Burdon bringt es auf einen anderen Nenner: „Sie starb nicht an einer Überdosis Drogen, sie starb an einer Überdosis Janis."

Jimi Hendrix –
In diesem verfluchten Jahr ...

... 1970 stirbt nicht nur Janis Joplin. Auch James Marshall Hendrix, genannt *Jimi*, kommt am 18. September 1970 ums Leben. So wie Leben und Karriere der Janis Joplin, so verlaufen auch die kreativen Jahre des Jimi Hendrix wie eine Achterbahn. Auch ihm gelingt es nicht, die Früchte seiner Arbeit zu ernten, auch er kommt mit dem Rummel um seine Person nicht klar, auch er stirbt an Drogen ... Stop! Zurückdrehen!

Streichen Sie den letzten Satz. Denn ob Jimi Hendrix an jenem 18. September 1970 tatsächlich versehentlich an einer Überdosis stirbt, ob er Selbstmord verübt hat oder gar das Opfer eines unfähigen Notarztes und achtloser Sanitäter wird, ist noch heute Gegenstand zahlloser Spekulationen. Seine FBI-Akte jedenfalls wird bis zum heutigen Tag als „geheim" eingestuft – dies gilt auch für die eines gewissen John F. Kennedy. Fest steht – um die traurige Geschichte einmal von hinten aufzurollen –, dass Monika Dannemann, die deutsche Freundin des Gitarristen und Sängers, diesen am 18. September 1970 in seiner Londoner Wohnung bewusstlos vorfindet. Dies allein wäre noch kein Grund zur Sorge, weiß sie doch, dass Jimi am Abend zuvor ausgiebig gefeiert hat. Doch nachdem sämtliche Versuche, ihn zu wecken, fehlschlagen, alarmiert sie einen Rettungsdienst. Der Notarzt, der nun eintrifft, diagnostiziert eine starke Alkoholisierung und übergibt den Bewusstlosen an zwei Sanitäter. Diese bringen Jimi Hendrix ins Krankenhaus, doch dort kommt er nicht mehr lebend an. Im Rettungswagen hört der größte Rockgitarrist, den die Welt bis dahin gesehen hat, zu atmen auf. Die Obduktion ergibt, dass Hendrix einige Stunden zuvor eine große Menge Schlaftabletten genommen hat – ob in selbstmörderischer Absicht, ist unklar. Zusammen mit einer ebenfalls großen Menge Rotwein führt dies zur Bewusstlosigkeit, und da durch den Wein auch der normale Würge- und Hustenreflex unterdrückt wird, stirbt Hendrix, indem er am eigenen Erbrochenen erstickt, das sich im Rachenraum und im Hals sammelt.

Sein Tod also ist schmutzig, doch auch sein Leben wirkt alles andere als glamourös. Der Ex-Soldat, der am 27. November 1942 in Seattle geboren worden und als 17-jähriger Schulabbrecher in die Armee gegangen ist, muss 1962 wegen Rückenproblemen nach einem Fallschirmabsprung den Militärdienst quittieren. Der Sohn des farbigen ehemaligen Jazz-Tänzers James Allen Hendrix und der Lucille Hendrix, einer Frau mit indianischem Blut, verdingt sich fortan als Begleitmusiker und spielt unter anderem für B. B. King, Little Richard und die Supremes. Seine Methode, das Gitarrenspiel zu üben und immer weiter zu verfeinern, ist bis heute kaum zu kopieren: Hendrix notiert sich Melodien und Akkorde mittels verschiedener Farben, die für ihn die verschiedenen Charakteristika des Klangs deutlicher wiedergeben, als dies Noten je vermögen.

1965 unterschreibt er bei einem Musikmanager namens Ed Chalpin einen damals durchaus üblichen Knebelvertrag, der ihm den stattlichen Vorschuss von einem Dollar einbringt. Chalpin erkennt das gewaltige Potenzial in dem jungen Mann und unterstützt ihn bei der Gründung der ersten eigenen Band: *Jimmy James and the blue flames*.

Der Erfolg bleibt zunächst aus. Hendrix löst sich erst einmal von Chalpin und trifft Chas Chandler – einen Musiker der damaligen Kultband *Animals*. Chandler fördert den jungen Kollegen und überredet ihn, mit in die seinerzeit angesagteste

Musikmetropole der Welt zu kommen: nach London. Mit neuer Band (*Jimi Hendrix experience*) landet der Mann mit dem Afro-Look erste Hits und produziert insgesamt drei LP's. Nachdem Ed Chalpin bemerkt, dass sein ehemaliger Schützling nun doch Geld abwirft, kommt es zu langwierigen Gerichtsverhandlungen, bis auch der Ex-Manager sein Stück vom Kuchen erhalten hat. Zudem wird der Zoll bei Hendrix' Einreise in New York fündig: Heroin! Dennoch tritt Hendrix im Sommer 1969 mit seiner neuen Band *Gypsy Sun & Rainbows* beim Woodstock-Festival auf. Seine Version der amerikanischen Nationalhymne macht ihn endgültig zum Idol der rebellischen Jugend und gleichzeitig zum Staatsfeind Nr. 1 des patriotisch gesinnten Amerikas: In einem unglaublichen Gitarrensolo verzerrt er die Klänge derart, dass man das Heulen der Raketen und das Sterben der Soldaten zu hören glaubt.

Eineinhalb Jahre bleiben Jimi Hendrix noch. Mit der neu zusammengestellten *Band of Gypsys* geht er auf Europatournee. Immer wieder trifft er sich mit Musikern für spontane Sessions in New Yorks achter Straße – es entstehen zahlreiche Aufnahmen, die bis heute nur bruchstückhaft veröffentlicht sind. Hendrix gilt nun als talentiertester Gitarrist der Welt, seine Technik und sein Mut zur Innovation beeinflussen eine ganze Generation von Musikern. Auch er konsumiert Alkohol und Drogen, auch er gilt als schwierig und aggressiv.

Doch im Gegensatz zu Janis Joplin fordert Jimi Hendrix den Tod nicht heraus – wenige Wochen vor dem 18. September 1970 vertraut er seinem Freund und Manager Michael Jeffery an, vor Drogen und ihren Folgen Angst zu haben und auf ihren Konsum verzichten zu wollen. Tatsächlich scheint er geraume Zeit vor seinem Tod keine Rauschmittel mehr eingenommen zu haben. Was ihn am 18. September 1970 zu den Schlaftabletten greifen ließ, bleibt auf ewig Spekulation. Knapp vier Wochen nach dem Tod des Jimi Hendrix wird Janis Joplin tot aufgefunden: Für die Rockmusik ist 1970 ein verfluchtes Jahr.

Ivan Lendl – „Gras ist für die Kühe“

In diesen Momenten wirkt er ratlos, hilflos, verärgert. Man kann es ihm deutlich ansehen – er ist mit der Welt nicht im Reinen, sucht nach Antworten und stößt nur immer wieder auf Fragen. In diesen Momenten ist Ivan Lendl so verletzbar wie niemals sonst.

Auf der anderen Seite des Netzes, nur rund 20 Meter entfernt, aber doch in einer ganz anderen Welt, steht oder kniet ein anderer auf dem Rasen. Lass es einen Herrn McEnroe sein, oder später Herrn Edberg oder Becker – Ivan Lendl ist es nicht. Die da drüben haben die Arme in den Himmel gereckt, zuweilen auch nur eine Faust. Ihre Gesichter spiegeln gelassene Zufriedenheit und manchmal auch überschäumende Freude, sie strahlen das aus, was sie sind, was Ivan Lendl eigentlich auch ist und in diesem Moment doch nicht sein kann: erfolgreiche, kraftvolle junge Männer im Moment des Triumphs.

Nun hat Tennis wie jeder Sport die unangenehme Eigenart, stets auch Verlierer hervorzubringen. Es handelt sich beim einstmals „weißen Sport“ eben in aller Regel um einen Kampf Mann gegen Mann, Frau gegen Frau – den Doppelkonkurrenzen wird längst nicht dieselbe Aufmerksamkeit gezollt. So steht also am Ende des Matches immer nur eine Person im Rampenlicht – die andere verlässt mit gesenktem Haupt den Platz. Bei besonderen, bei unvergesslichen Spielen wird zuweilen auch der Verlierer mit Ovationen gefeiert – ein kleiner Trost ist dies vor allem dann, wenn der Titel und Pokale bereits genug ergattert worden sind.

Auch Ivan Lendl haben sie in der Niederlage schon bejubelt. Doch für ihn ist dies kein Trost, obwohl er sich selbst diese Huldigungen schwer verdienen musste. Geboren am 7. März 1960 im tschechischen Ostrava, beginnt er als Sechsjähriger unter der Anleitung seines Vaters Tennis zu spielen. Vom Beginn der 80er Jahre an ist er unbestritten der beste Spieler der Welt. Er steht 270 Wochen an der Spitze der Weltrangliste, seine gewaltige Vorhand zertrümmert im Verbund mit seiner nervlichen Stärke und seinem unbedingten Willen zum Sieg gegnerische Hoffnungen gleich reihenweise. 1984 gewinnt er in Paris erstmals eines der vier größten Turniere der Welt, in Australien und bei den US Open in New York kommen weitere hinzu. Sein Gesicht wirkt dabei stets steinern, die angespannten Mundwinkel verziehen sich nur im kurzen Moment des verwandelten Matchballs zu einer Art Lächeln – einer wölfischen Grimasse, bei der Lendl scheinbar noch immer versucht, die etwas zu groß geratenen und sichtbar schiefen Vorderzähne zu verbergen. Der Mann ist keine Schönheit – der Mann hat eine Profession: Er ist der beste Tennisspieler der Welt.

Und Wimbledon? Bei der Aufzählung seiner größten Triumphe fehlt doch das Turnier von Wimbledon, oder? Tennislaien, Sportlaien könnten diese Frage stellen – der Kenner, der Wissende, der Tennisinteressierte nickt darob gequält. Denn Wimbledon, dieses Wimbledon in seiner ganzen unscheinbaren Süd-Londoner Vorort-Idylle - es ist schuld daran, dass wir uns an Ivan Lendl stets als an einen Verlierer erinnern. Hier auf dem grünen Rasen Englands, auf dem traditionsbeladensten Tenniscourt der Geschichte, auf dem Platz, den Boris Becker mit dem teutonisch anmutenden Selbstverständnis eines Gewohnheitssiegers als „mein Wohnzimmer" bezeichnet hat – hier versagt die Kunst des Ivan Lendl in erschreckender Regelmäßigkeit. So oft er auch versucht, den gelben Filzball mit der ihm eigenen Wucht zum Finalsieg über das Netz zu peitschen, so oft er auch mit seinen langen Beinen an der Grundlinie hin und her hetzt, so oft er auch den für ihn so unsagbar beschwerlichen Weg nach vorne, zum Netz, zum Volley, dem ungeliebten, einschlägt – vergeblich: Stets kommt der Ball im entscheidenden Spiel einmal mehr auf seine Seite zurück, stets ist der andere eine Spur schneller, stets bleibt am Ende jenes verkniffene Lächeln, jenes kurze Aufblitzen der freudigen Erregtheit aus: Wieder einmal ist Ivan Lendl an und in Wimbledon gescheitert.

Auf einer Pressekonferenz vor dem Turnier stößt er Ende der 80er Jahre einmal trotzig den Satz aus: „Gras ist für Kühe." Keine schöne Grammatik, keine gelungene Sentenz, aber man mag nun erahnen, wie es in ihm aussieht. Immer wieder wird er darauf angesprochen, warum ihm dieser schnelle Belag solche Probleme bereitet, von dem die Bälle so viel flacher abspringen als vom roten Sand in Paris oder von den harten Oberflächen Australiens und New Yorks. Lendl weiß die Antwort nicht, er kann sie nicht geben, er ist hilflos, ratlos, verärgert. Jahr für Jahr, eineinhalb Jahrzehnte lang, bereitet er sich akribisch auf dieses Turnier vor, immer wieder übersteht er einige Runden, immer wieder scheitert er kurz vor dem Ziel. Er lässt sich von alten Hasen und Emporkömmlingen besiegen und am Ende haben selbst die Menschen, die niemals glaubten, mit einem Tennisroboter wie „Ivan dem Schrecklichen" Mitleid empfinden zu können, mehr als nur eine Spur von Mitgefühl für seine persönliche Tragödie. Dann stehen sie auf und klatschen für den Unterlegenen, dann bekommt auch der Verlierer seine Ovation. Es ist kein Trost für Ivan Lendl.

Rudi Assauer und Schalke 04 – Meister für vier Minuten und 38 Sekunden

Auf dem Rasen des Parkstadions zu Gelsenkirchen rennen Hunderte von Menschen durcheinander. Die Stimmung pendelt zwischen Euphorie und ungläubigem Staunen. Dicke Männer in schweren Jacken, auf denen unzählige Sticker und Aufkleber prangen, liegen sich in den Armen – viele haben Tränen in den Augen. Professionelle Fußballspieler in blauen Leibchen klatschen sich ab, stehen untergehakt in der Menge, beginnen zu schunkeln. Vom Grün des Rasens ist kaum noch etwas zu sehen. Mittendrin, scheinbar ungerührt, verharrt ein dunkelhaariger Mann mit einer Zigarre im Mund. Ob der Stumpen noch brennt, ist aus der Entfernung nicht eindeutig festzustellen, doch die Kiefer des Mannes machen mahlende Bewegungen und fast scheint es so, als würde er die Zigarre kauen.
Wir schreiben den 19. Mai des Jahres 2001. Die Kicker des FC Schalke 04 und ihr legendärer Manager Rudi Assauer, der Mann, dessen Zigarre sein Markenzeichen ist, haben am allerletzten Spieltag der Fußball-Bundesliga-Saison soeben die Spielvereinigung Unterhaching mit 5:3 besiegt. Im Fernduell mit dem FC Bayern München geht es um die deutsche Fußball-Meisterschaft und da die Bayern in Hamburg mit 0:1 hinten liegen, wird auf Schalke schon gefeiert. Logisch, zumal vereinzelte Stimmen von der Tribüne bereits gemeldet haben, das Spiel in Hamburg sei beendet – der FC Bayern geschlagen. Erste Meisterinterviews werden geführt – es ist 17.19 Uhr.

Vier Minuten und 38 Sekunden nach dem Schlusspfiff im Gelsenkirchener Parkstadion schießt ein schwedischer Nationalspieler im Hamburger Volksparkstadion den Ausgleich für den FC Bayern München. Alle Meldungen vom Spielende in Hamburg waren verfrüht – das Duell zwischen Hamburg und München endet 1:1. Der FC Bayern sichert sich mit diesem einen Punkt den Titel.
Vier Minuten und 38 Sekunden fühlt sich die Mannschaft des FC Schalke 04, wie sich deutsche Meister fühlen. Berauscht und glücklich, erfolgreich und sexy, umjubelt, gefeiert und endlich angelangt auf dem Gipfel des fußballerischen Olymps. Vier Minuten und 38 Sekunden darf Rudi Assauer an der Unsterblichkeit schnuppern ... dann trifft Patrik Anderson für den FC Bayern München.
Nur Fußballfans können ermessen, was diese Nachricht aus Hamburg für die Freunde des FC Schalke 04 bedeutet. Der „Fußballgott" habe es mit ihnen nicht gut gemeint, sagen die Verantwortlichen – selbst lang gediente Redakteure des Westdeutschen Rundfunks verwandeln sich in tröstende Schulterklopfer. Journalisten sind es auch, die den FC Schalke 04 zum *Meister der Herzen* küren.
Sie werden es wieder versuchen. Vielleicht klappt es in diesem Jahr, vielleicht im nächsten, vielleicht in einem anderen Leben. Der FC Schalke 04 ist kein gewöhnlicher Fußballverein – der FC Schalke 04 ist ein Mythos. An diesem haben auch jene vier Minuten und 38 Sekunden am 19. Mai 2001 mitgestrickt, und selbst in 50 Jahren, wenn der Opa dem Enkel davon erzählt, werden seine Tränen noch fließen. Ganz egal, wie oft der FC Schalke 04 bis dahin noch Meister geworden ist. Und dann wird sich der Opa vielleicht eine Zigarre anzünden und sagen: „Und wenn du einmal so verlierst wie der Rudi und dann so wieder aufstehst – dann bist du ein Mann. Ein richtiger Mann."

Franziska van Almsick –
Kein Gold für den Goldfisch

Berliner Göre und Diva der 90er, Königin des Beckens und Skandalnudel, umjubelte Athletin und verhöhnte Versagerin – kaum eine Sportlerin, ja, kaum eine Frau in Deutschland hat jemals so viele Extreme erlebt und provoziert, wie dies über Jahre hinweg Franziska van Almsick tat und noch tut.

Geboren am 5.April 1978 in Ost-Berlin, durchläuft sie in ihrer Jugend die Kaderschmieden der DDR. Die hochtalentierte Schwimmerin wird bereits als Siebenjährige ins Nachwuchs-Leistungszentrum aufgenommen und dominiert fortan die Schwimmwettbewerbe ihrer Altersklassen. Für die Öffentlichkeit wird sie 1992 zur ersten gesamtdeutschen Sportikone: Als 14-Jährige holt sie sich bei den Olympischen Spielen von Barcelona eine Silbermedaille – der Beginn einer atemberaubenden Karriere. In den folgenden Jahren folgen Triumphe und Tränen: Der bildhübsche Teenager wird von den Medien bejubelt wie ein Popstar und überzeugt zunächst durch fantastische Leistungen. Weltrekorde lässt „Franzi“ reihenweise purzeln, sie wird vielfache Europa- und Weltmeisterin, Weltcupsiegerin und deutsche Sportlerin des Jahres. Nur ihr Verhältnis zu den Olympischen Spielen – zu jenem Ereignis, bei dem ihr Stern aufging – gestaltet sich in der Folgezeit schwierig. Weder im amerikanischen Atlanta (1996) noch im australischen Sydney (2000) kann sie die hohen Erwartungen der Öffentlichkeit befriedigen und eine deutsche Zeitung entblödet sich nicht, sie aufgrund angeblicher Gewichtsprobleme als „Franzi van Speck“

zu beschimpfen. Dies ist umso schlimmer, da van Almsick, wie sie später zugibt, jahrelang an massiven Essstörungen gelitten hat. Die Karriere scheint in jenem Jahr 2000 vorbei zu sein. 2002 jedoch gelingt der Berlinerin ein beeindruckendes Comeback. Sie verbessert nach acht Jahren ihren eigenen Weltrekord über 200 Meter Freistil und darf sich bei den Olympischen Spielen in Athen (2004) als Favoritin fühlen. Doch die griechischen Spiele erleben die Neuauflage einer höchst unglücklichen Beziehung: Franziska van Almsick und Olympia – eine Geschichte ohne Happy End.

So bleibt der „Goldfisch“ also ohne Goldmedaille, doch ihre unlängst erschienene Biografie *Aufgetaucht* lässt erahnen, dass die junge Dame ihr Leben auch ohne diese sportliche Krönung im Griff behalten wird. Nur Olympia hat sie zur Verliererin gemacht – für ihr Leben und ihre Leistungen als Sportlerin gebührt ihr jener Respekt, der Siegern zusteht.

6. Besiegt

Xerxes – Voll in die Falle gesegelt

Im Alten Testament wird der Mann als Ahasverus bezeichnet, doch es gibt keinen Zweifel, dass es sich dabei um den legendären persischen König Xerxes handelt. Dieser wird als Sohn von Dareios I. im Jahr 519 v. Chr. geboren und erweist sich zunächst als großartiger Feldherr. Der Verwalter des 28 verschiedene Stämme und Völker umfassenden größten Reichs, das die Welt bis dato gesehen hat, schlägt Aufstände in Ägypten und Babylonien blutig nieder und erwirbt sich dabei den Ruf, ein sowohl rücksichtsloser als auch umsichtiger und mutiger Stratege und Krieger zu sein. Das persische Heer steht in diesen Tagen auf dem Gipfel seiner Herrlichkeit, umfasst wohl an die 300 000 Soldaten unter Waffen, beeindruckendes Kriegsgerät und hervorragende Offiziere. Das Unglück des Xerxes jedoch ist es, dass er den Hals einfach nicht voll kriegen kann. Gelangweilt ob seiner gewaltigen Machtfülle im Vorderen Orient, drängt es ihn zum Hellespont – der Erbfeind Griechenland soll die persische Brücke auf einen anderen Kontinent hinüber bilden.

Doch Xerxes hat die Rechnung ohne den Wort gemacht. Kalkuliert hatte der Perser, dass sich vor allem die beiden mächtigen und permanent verfeindeten Stadtstaaten Athen und Sparta nicht unter einer Flagge zusammenfinden würden

– das Gegenteil war der Fall. Die traditionell untereinander zerstrittenen und eigenbrötlerisch auf ihre Privilegien bedachten Kleinfürstentümer bilden überraschend eine einheitliche Front, die sich unter der genialen Führung des Themistokles keinesfalls gewillt zeigen, sich der persischen Übermacht zu beugen. Zwar gelingt es Xerxes durch schnöde Kriegslist und damit einhergehenden Verrat beim Gegner, über die Thermophylen und die Truppen des Leonidas hinweg nach Athen zu marschieren und die Stadt zu verwüsten. Doch diesen Triumph kann er nicht mehr auskosten. Seine riesige Flotte wird von eigens angefertigten, ungeheuer wendigen und schnellen Schiffen der Griechen in einer gigantischen Seeschlacht vor der Küste des Ortes Salamis nicht nur geschlagen, sondern völlig aufgerieben. Xerxes steht plötzlich ohne Nachschubmöglichkeiten und Reserven in einem fremden Land und beim Versuch, diese Niederlage zu kaschieren, unterliegt er nur ein Jahr später mit seinem Landheer bei Plataä.

Der Nimbus der Unbesiegbarkeit ist damit gründlich zerstört. Zwar kann Xerxes selbst dem Schlachtengetümmel unbeschadet entfliehen, doch setzt er seither niemals mehr einen Fuß auf griechischen Boden. Er widmet sich statt dessen dem Ausbau der Metropole Persepolis, von seinem Vater gegründet und erst 200 Jahre später von Alexander dem Großen in Schutt und Asche gelegt, und seiner prachtvollen Residenz in Susa, wo er 465 vor Christus einer Palastrevolution zum Opfer fällt.

Nicht nur in Griechenland gilt der Name des Xerxes seit jener Zeit als Synonym für einen sich selbst überschätzenden, größenwahnsinnigen Aggressor.

Harald Schmid –
Moses war die höchste Hürde

Einen wie ihn als Verlierer zu bezeichnen, wäre nicht nur hochgradig unfair, sondern objektiv betrachtet auch völlig falsch. Schließlich hat der am 29. September 1957 im hessischen Hanau geborene Harald Schmid so ziemlich alles erreicht, was ein Sportler auf nationaler Ebene erreichen kann, und ist heute ein anerkannter Mediziner, der sich für die Rechte von Kindern engagiert. Doch denkt der Sportfreund von heute an den Harald Schmid von einst, dann schiebt sich stets das Gesicht eines farbigen Athleten dazwischen: das Gesicht von Edwin Moses. Diesem – und NUR diesem – hat Dr. Harald Schmid es zu „verdanken", dass er Aufnahme in dieses Buch gefunden hat.

Seit Mitte der 70er Jahre ist Harald Schmid einer der besten Läufer der Welt auf der anspruchsvollen und Kräfte raubenden 400-Meter-Hürden Strecke. 1976 gewinnt er in Montreal die olympische Bronzemedaille mit der deutschen 4 x 400 Meter-Staffel, acht Jahre später holt er sich in Los Angeles in seiner Paradedisziplin ebenfalls den dritten Olympiarang. Dazwischen wird er 1983 in Helsinki Zweiter bei den Weltmeisterschaften und schafft 1987 – wiederum bei einer WM – in Rom noch einmal Platz 3. Fünf Europameistertitel, zwölf deutsche Meisterschaften und zwei Ehrungen als Deutschlands Sportler des Jahres zieren außerdem seine Trophäensammlung. Doch zwischen ihm und der Unsterblichkeit steht Edwin Moses.

Das Duell der beiden Ausnahmeläufer gemahnt an das

Märchen vom Hasen und vom Igel. Wo immer Schmid hin will – Moses ist schon da. Der Amerikaner mit den raumgreifenden Schritten holt sich jene Goldmedaillen bei Weltmeisterschaften und Olympischen Spielen, die Schmid verwehrt bleiben. Nur einer kann Schmid in jenen Tagen schlagen und dieser eine tut es immer wieder.

Doch gerade in der Niederlage zeigt sich zuweilen die Größe eines Menschen. Nicht nur, dass Schmid niemals aufsteckt und etliche heroische Kämpfe liefert – nein, er verliert auch niemals ein böses Wort über seinen Kontrahenten und ist stets der Erste, wenn es darum geht, ihm zu gratulieren. So bleibt Schmid für alle Zeiten der Unterlegene in diesem atemberaubenden Zweikampf. Doch der Hesse mit dem Schnauzbart ist es auch, der demonstriert, wie man in der Niederlage Größe zeigt. Chapeau, Dr. Schmid.

7. Betrogen (... manchmal auch vom Leben)

Lise Meitner – Vom Hahn aufs Kreuz gelegt

Sie nennt ihn *Hähnchen* und er sagt *Lischen* zu ihr, doch was da klingt wie das zärtliche Geturtel unter Liebenden, ist lediglich der verbale Ausdruck einer insgesamt fast 30-jährigen Zusammenarbeit zwischen dem Chemiker Otto *Hähnchen* Hahn und der Physikerin Lise *Lischen* Meitner. Dieses Duo, zeitweise ergänzt durch Fritz Strassmann, hat die Grundlagen für die Kernforschung des 20. Jahrhunderts gelegt – doch für die Entdeckung der Kernspaltung erhält allein Otto Hahn den Nobelpreis für Chemie. Lise Meitner wird zwar nicht vergessen, doch Hahns Ruhm überstrahlt ihre Verdienste derart, dass ihr Name schon wenige Jahre nach dem Ende des Zweiten Weltkriegs nur noch wenigen Eingeweihten ein Begriff ist. Lise Meitner fühlt sich nicht zu Unrecht betrogen und aufs Kreuz gelegt.

Geboren wird das „kleine Hascherl“, wie sie sich selbst gern nennt, am 7. November 1878 als Kind einer jüdischen Familie in Wien. Es wird protestantisch erzogen und brilliert in der Schule derart, dass die erstaunlich modernen Eltern so gar nicht einsehen wollen, warum das Genie nicht gefördert werden sollte. Weil der Besuch der gymnasialen Oberstufe im

Wien des ausgehenden 19. Jahrhunderts nur jungen „Herren“ gestattet ist, legt Lise Meitner ein „externes Abitur“ ab – ein Hauslehrer und eine Unmenge von Büchern verhelfen ihr zu einer mit Glanz und Gloria bestandenen Reifeprüfung, zu der sie auch gleich noch das Lehrerexamen im Fach Französisch ablegt. Gegen alle Widerstände – und davon gibt es in Wiens akademischer Welt nicht eben wenig – studiert die junge Frau Mathematik, Physik und Philosophie und 1906 – nach gerade mal fünfjährige Studienzeit – gelingt ihr gar die Promotion. Aus dem „Hascherl“ ist „Frau Doktor“ geworden – erst die zweite Frau an der Wiener Universität, die diesen akademischen Titel führen darf.

1907 zieht sie nach Berlin, will sich beim berühmten Physiker Max Planck weiter bilden. Lediglich als Gasthörerin wird sie dort widerwillig geduldet – die Immatrikulation gestattet man Frauen in Preußen erst zwei Jahre später. Sie lernt den Chemiker Otto Hahn kennen und es trifft sich gut, dass dieser zum einen vorurteilsfrei ist und zum anderen einen begabten Physiker für seine Forschungen sucht. In Lise Meitner entdeckt er eine Seelenverwandte und nicht einmal die Tatsache, dass ihr als Frau der Zugang zu wesentlichen Arbeitsräumen des chemischen Institutes offiziell untersagt ist, kann dieser inspirierenden Zusammenarbeit etwas anhaben. Bis 1912 ist Lise Meitner allerdings auf die finanzielle Unterstützung ihrer Eltern angewiesen – ihre Forschungen werden geduldet, nicht aber honoriert. Erst 1912 bekommt sie eine Stelle als Assistentin von Max Planck – der einflussreiche Wissenschaftler weiß zwar, dass sie weniger für ihn als vielmehr mit Hahn arbeiten wird, doch will er diese erstaunliche Frau unbedingt in Berlin halten. 1913 setzt Planck sogar die Ernennung „der Meitner“ zum wissenschaftlichen Mitglied am Kaiser-Wilhelm-Institut durch – für viele männliche Kollegen scheint sich damit der Untergang des Abendlandes anzukündigen.

Ob sie sich in dieser Meinung durch die Ereignisse des Jahres 1914 bestätigt fühlen, ist nicht überliefert. Fest steht jedoch, dass Lise Meitner im Ersten Weltkrieg als Röntgenschwester in einem Frontlazarett arbeitet und 1917 ihre Zusammenarbeit mit Otto Hahn in Berlin wieder aufnimmt. Sie entdecken das Element Nr. 91 (Protactinium) und untersuchen die Wirkung von Alpha-, Beta- und Gammastrahlung. Die Weimarer Republik ermöglicht Lise Meitner im Jahr 1922 auf persönlichem Sektor einen Triumph. Da jetzt auch Frauen für eine Hochschullaufbahn zugelassen werden, kann sie ihre Habilitation in Physik einreichen: Aus „Frau Doktor“ wird „Frau Professor“, aus den hingekritzelten Forschungsergebnissen werden Vorlesungen, die skeptischen Kollegen weichen bewundernden Studenten und aus dem möblierten Zimmerchen wird eine komfortable Berliner Drei-Zimmer-Wohnung. Die Zukunft Lise Meitners scheint gesichert.
1933 jedoch ändert sich das Klima in Berlin und im ganzen Land. Die Nationalsozialisten ergreifen die Macht und Frauen jüdischer Herkunft in verantwortlichen Positionen der Wissenschaft sind nicht mehr gern gesehen. Lise Meitner verliert zunächst ihre Lehrerlaubnis und nach dem „Anschluss“ ihrer österreichischen Heimat an Deutschland ist sie auch als Österreicherin von den unsäglichen Rassegesetzen der Nazis betroffen. Sie flieht nach Schweden und erhält in Stockholm eine untergeordnete Anstellung am Institut für Physik. Ihr Einkommen ist gerade so hoch, dass sie sich im fremden Land über Wasser halten kann – schlimmer jedoch ist der Verlust ihrer Freunde und Kollegen. Otto Hahn und Fritz Strassmann forschen weiterhin unter besten Bedingungen in Berlin und entdecken im Dezember 1938 per Zufall die Kernspaltung. Das Problem: Beide wissen nicht, auf was sie da gestoßen sind – erst eine intensive Korrespondenz mit der Kollegin im fernen Stockholm öffnet ihnen die Augen. Meitner ist es, die den Begriff „Kernspaltung“ prägt, sie ist es, die den

beiden Berliner Chemikern die theoretischen und mathematischen Grundlagen erläutert, sie und ihr Neffe Otto Robert Frisch liefern erste Deutungsmodelle des neu entdeckten Phänomens.

Den Ruhm dafür streicht jedoch ein anderer ein: Otto Hahn erhält 1944 den Nobelpreis für Chemie – nur einmal, in einem Interview mit einer schwedischen Tageszeitung, erwähnt er Meitners Mitwirkung.

Er selbst übersteht den Krieg und den Nationalsozialismus unbeschadet und ohne Ansehensverlust, wird im Jahr 1948 sogar Präsident der *Max-Planck-Gesellschaft zur Förderung der Wissenschaften*, der Nachfolgeorganisation des *Kaiser-Wilhelm-Institutes*, und von den Amerikanern als bedeutender Wissenschaftler hofiert. Ironie am Rande: Lise Meitner erhält im Jahr 1955 für ihr Lebenswerk den neu geschaffenen *Otto-Hahn-Preis*, der eigentlich nach ihr hätte benannt werden müssen. Die Trägerin des Bundesverdienstkreuzes, die 1966 im Verbund mit Hahn und Strassmann immerhin noch den Enrico-Fermi-Preis der amerikanischen Atomenergiekommission erhält, stirbt 1968 im Alter von 90 Jahren im englischen Cambridge. Das „kleine Hascherl" aus Wien hat sich niemals laut über Otto Hahns Anmaßung beschwert, hat ihn niemals öffentlich bloßgestellt. Doch Freunden vertraut sie an, dass es vor allem seine Dankesrede anlässlich der Nobelpreisverleihung war, die sie bis ins Mark getroffen hat: Während der 15-minütigen Ansprache erwähnt Hahn den Namen Meitner kein einziges Mal.

Eva Braun – Geliebte eines Unmenschen

Nähert man sich ihr, so nähert man sich unweigerlich auch ihm: Der Name Eva Braun ist untrennbar mit dem Namen Adolf Hitlers verbunden – andersherum gilt dies nicht. Denn wo Hitler für Krieg und Holocaust, für Verbrechen und Unmenschlichkeit, für Wahn und Terror steht, da hat seine Geliebte nichts aufzuweisen als ihr bloßes Sein. Ist es zynisch zu behaupten, dass sie ein Opfer war? Wahrscheinlich, doch mag sie ihr Leben durchaus als einen Opfergang verstanden haben.

Geboren wird Eva Braun im Jahr 1912 als Tochter eines Lehrers in München. Ihre Kindheit verläuft in einigermaßen geordneten Bahnen, der Vater muss nicht an die Front des Ersten Weltkriegs, die Mutter wird als zurückhaltende Hausfrau beschrieben. Eva gilt als begabtes, wenngleich sehr verschlossenes Kind. Sie besucht das Lyzeum und absolviert 1928 eine einjährige Handelsschulausbildung in einem Kloster bei Simbach am Inn. Zurück in München, arbeitet sie als Bürokraft beim Fotografen Heinrich Hoffmann und hier lernt sie den Mann ihres Lebens kennen, jenen Mann, der als Monster in die Geschichte eingehen wird.

Hitler ist in diesen Tagen in München längst kein Unbekannter mehr. In der NSDAP hat er den Führerstatus schon erreicht, die Krisen der Weimarer Republik spielen ihm in die Hände. Der jungen, dunkelhaarigen und zurückhaltenden Eva gegenüber gibt er sich weltmännisch, macht ihr aber zunächst keinerlei Avancen. Erst nach etlichen Wochen wird sie seine

Gelegenheitsgeliebte, obwohl er sich in dieser Zeit wohl eher zu seiner Nichte Geli Raubal hingezogen fühlt. Diese jedoch verübt im Jahr 1931 Selbstmord – müßig, über die Gründe zu spekulieren. Jetzt endlich schenkt Hitler Eva Braun deutlich mehr Aufmerksamkeit: Er lässt seinen Leibfotografen Hoffmann unter dem Siegel der absoluten Verschwiegenheit ein Haus in München kaufen, in das sie einzieht, er stellt ihr einen Wagen und einen Chauffeur zur Verfügung. Eva Braun ist nun seine Geliebte.

Dieser Status jedoch bedeutet keineswegs, dass Hitler gewillt wäre, sich in irgendeiner Form zu dieser Frau in seinem Leben zu bekennen, geschweige denn, ihr mehr Zeit zu widmen. Es muss eine seltsame Beziehung gewesen sein, über die zu sprechen in Hitlers Umfeld streng verboten war – es gibt so gut wie keine Aufzeichnungen und auch erstaunlich wenig mündlich überlieferte Informationen über den Umgang des Paares miteinander. Kein Geheimnis ist, dass Eva Braun im Laufe der Beziehung zwei Selbstmordversuche unternimmt: Im November 1932 versucht sie sich durch einen Schuss in den Hals zu töten, 1935 schluckt sie eine Überdosis Schlaftabletten. Man muss kein Psychologe sein, um den Schrei nach Aufmerksamkeit hören zu können, doch zu echter Zuneigung scheint der mittlerweile zum Reichskanzler und „Führer" avancierte Geliebte nicht fähig zu sein. „Der Führer hat kein Privatleben" – so will die Propaganda Hitler als allen irdischen Freuden entsagenden Staatslenker im Bewusstsein der Öffentlichkeit verankern. Dass dem Führer persönliche Emotionen oder gar Fleischeslust nicht fremd sind, ist kann und darf niemals zum Thema werden.

Erst nachdem ihre Schwester im Jahr 1944, ein Jahr vor Kriegsende, einen Offizier aus Heinrich Himmlers Stab heiratet, wird auch das Leben der Eva Braun erträglicher. In Hitlers Privatresidenz, dem Gut auf dem Obersalzberg, hatte sie bislang eine höchst unglückliche Rolle gespielt: Inoffiziell kennen alle ihren Status als Geliebte des Führers, offiziell ist sie gar nicht vorhanden. Wenn Staatsgäste kommen oder Minister aus Berlin, dann hat Eva Braun kommentarlos auf ihrem Zimmer zu verschwinden.

Nach der Hochzeit ihrer Schwester jedoch ist auch Eva „gesellschaftsfähig" geworden, denn da Himmler und sein Stab stets Zutritt zum privaten Umfeld des Führers haben, gibt es nun auch für Eva einen offiziellen Grund, in seiner Nähe zu weilen. Für sie muss die Situation grotesk sein, weiß sie doch, dass diese Schmierenkomödie von jedermann durchschaut wird. Vielleicht aber ist es ihr auch egal, vielleicht hat sie zu diesem Zeitpunkt bereits gelernt, ihre eigenen Bedürfnisse ganz denen ihres Führers unterzuordnen.

Kurz bevor die Rote Armee Berlin umschließt, fährt Eva Braun am 7. März 1945 nach Berlin. Hitler hat es ihr verboten – ob er noch immer Standesdünkel hegt, ob er noch immer die Illusion vom einsamen Leitwolf ohne Bindungen aufrecht erhalten will oder ob er tatsächlich verhindern will, dass seine Geliebte mit ihm stirbt – darüber lässt sich nur spekulieren. Fest steht, dass es in der Nacht vom 28. zum 29. April im Führerbunker zu einer makabren Zeremonie kommt. Hitler und Eva Braun geben sich vor einem Gauamtsleiter, der als Standesbeamter fungiert, das Ja-Wort. Im Protokoll wird offiziell festgehalten, dass es sich um eine Kriegstrauung handelt, auch die „arische Abstammung" und die fehlenden „Erbkrankheiten" des Paares werden säuberlich vermerkt. Trauzeugen sind übrigens Joseph Goebbels und Martin Bormann – nie zuvor und niemals seitdem hat wohl eine Braut eine teuflischere Hochzeit erlebt. Einen Tag später, am 30. April 1945, ist Eva Braun tot: Zusammen mit ihrem Gatten nimmt sie die vorbereitete Zyankali-Kapsel. Hitlers letzter Befehl schließt auch sie mit ein: Die Leichen werden im Garten der Reichskanzlei mit Benzin übergossen und angezündet.

Al Gore –
Tragische Gestalt in den Tagen der Schande

Der 7. November 2000 – der Tag an dem sich die demokratischste aller Demokratien, die Supermacht der Supermächte, das selbst ernannte moralische Gewissen der Welt nach Meinung vieler bis auf die Knochen blamiert hat. Der 7. November 2000 – der Tag, an dem die Bürger der USA zu den Wahlurnen schreiten, der Tag, an dem George W. Bush zum amerikanischen Präsidenten „gemacht" wird, der Tag, an dem nach Ansicht nicht weniger Menschen auf der ganzen Welt die Vereinigten Staaten von Amerika zu einer Art Bananenrepublik verkommen. Es ist auch der Tag des Al Gore, eines Mannes, den vorher außerhalb der USA kaum jemand kannte und an den sich heute, auch innerhalb der USA, kaum noch jemand erinnert. Er ist die tragische Gestalt in einer unsäglichen Posse.

Zunächst zu den harten Fakten: Das amerikanische Wahlrecht sieht vor, dass jeder Bundesstaat eine bestimmte Anzahl von Wahlmännern zur Abstimmung um das Präsidentenamt entsendet – je nachdem, ob die Republikaner oder die Demokraten im jeweiligen Staat die Mehrheit erzielen, sind es republikanische oder demokratische Wahlmänner. In der Präsidentschaftswahl des Jahres 2000 kommt es letztlich auf den Ausgang der Abstimmungen in Florida an – und in diesem Staat ist Jeb Bush, der Bruder von George W., der Gouverneur! Wenige Wochen vor der Wahl hat besagter Jeb Bush seinem Bruder versprochen, dass Florida für ihn stimmen werde.

„Florida ist dein", soll er sinngemäß gesagt haben – früher wurden mit solchen Sätzen Lehen vergeben, heute werden damit anscheinend Stimmen verschachert. Denn nach den Auszählungen hat George W. Bush die Wahl in Florida mit 547 Stimmen Vorsprung gewonnen – bei insgesamt knapp sechs Millionen Wählern in Florida.

Nun mag man nicht ganz zu Unrecht argumentieren, Mehrheit sei Mehrheit – auch wenn sie noch so knapp ausfällt. Dem wäre kaum zu widersprechen, wäre es bei der Auszählung in Florida tatsächlich mit rechten Dingen zugegangen. Doch was in den Tagen nach der Wahl Stück für Stück ans Licht kommt, verschlägt selbst den abgebrühtesten Beobachtern der amerikanischen Politikszene den Atem. So scheinen vor allem in jenen Regionen sehr alte und höchst fehlerhafte „Wahlmaschinen" aufgebaut worden zu sein, in denen viele farbige Amerikaner leben – sie sind überwiegend und traditionell Wähler der Demokraten. Die „Wahlmaschinen" sollen die Stimmabgabe per Lochung einer Stimmkarte registrieren – wenn kein exakter und sauberer Papierkreis ausgestanzt wird, verliert die Stimme ihre Gültigkeit. Rund fünf Prozent derart ungültige Stimmen werden angeblich gezählt – wären von diesen fünf Prozent nur wiederum 60 Prozent auf Al Gore entfallen, hätte er das Rennen gemacht.

Geradezu grotesk war auch die Aufmachung einiger Stimmzettel, deren Gestaltung jedes der so genannten „Counties" – vergleichbar mit einem deutschen Landkreis – selbst zu verantworten hat. So gibt es beispielsweise eine Region, in welcher der Name von Al Gore auf dem Stimmzettel so versteckt und missverständlich aufgeführt ist, dass viele Wähler völlig verwirrt sind und mehrfache oder falsche Namenskombinationen (Präsident und Vizepräsident) lochen, wodurch die Stimmzettel ungültig werden. Allein im Bereich Palm Beach werden somit knapp 10 000 Stimmen wertlos. Eine Überprüfung dieser Lochkarten ergibt, dass offensichtlich rund 1900 Wähler ihre Stimme tatsächlich an Bush geben wollten – die anderen über 8000 hatten es, trotz ihres offenkundigen Willens, aufgrund der chaotischen Aufmachung der Stimmkarten nicht geschafft, den demokratischen Bewerber Al Gore korrekt zu wählen.

Es gibt viele Hochrechnungen in jenen Tagen, viele „Wenns“ und „Abers“. Letztlich versuchen sich der oberste Gerichtshof Floridas und schließlich auch der oberste Gerichtshof der USA an einer Lösung. Nachzählungen per Hand werden angeordnet und widerrufen, Anwälte verfassen lange Klageschriften und Erwiderungen.

Katherine Harris, die Wahlleiterin von Florida, die auch für die Aufstellung der altertümlichen Maschinen in den Vierteln der Schwarzen gesorgt hatte, verkündet dann am 26. November 2000 zur Überraschung aller Beteiligten das amtliche Endergebnis: Bush habe mit 547 Stimmen Vorsprung gewonnen. Wie sie auf diese Zahl kommt, bleibt ihr süßes Geheimnis, denn die Nachzählungen von Hand werden mehrfach unterbrochen und nie zu Ende geführt. Die Bundesrichter entscheiden mit 5:4 Stimmen, dass es nun genug sei, und bestätigen Miss Harris' kühne Verlautbarung: Am 18. Dezember treffen sich die Wahlmänner und mit 271 zu 260 Stimmen dieser Herren wird George W. Bush zum Sieger erklärt.

Al Gore gratuliert seinem Kontrahenten schon direkt nach der Entscheidung des Bundesgerichts. Er, der amerikaweit deutlich mehr Stimmen als sein Rivale für sich verbuchen kann, scheitert zum einen am Ritual der Wahlmännerstimmen, das Volkes Willen offensichtlich nur sehr eingeschränkt widerspiegelt, und zum anderen an einem höchst umstrittenen Demokratieverständnis in Florida und im obersten amerikanischen Gerichtshof. In der Niederlage zeigt Gore Größe, wünscht Bush eine glückliche Hand und ... wird schnell zu einer vergessenen Figur im peinlichsten Pokerspiel um Mehrheiten, das die Neuzeit je erleben musste.

Donald Duck –
Arm und ungeschickt aus Gewohnheit

Donaldisten aller Länder stoßen irgendwann im Laufe ihres Lebens mit einer schier unglaublichen Unvermeidbarkeit auf zwei immer wiederkehrende Fragen: „Warum trägt Donald keine Hosen?" und „Woher kommen Tick, Trick und Track?" Um es gleich zu sagen: Leider kann die Ursache des stets luftig freien Bürzels hier ebenso wenig geklärt werden wie die Herkunft der drei offensichtlichen Waisenkinder und die mutmaßliche Tragödie ihrer frühen Kindheit.

Ach, viel zu oft schon wurde über Donalds Matrosenmützchen fabuliert und dessen post-pubertäre Aspekte, viel zu viele selbst ernannte Analytiker nahmen seine nicht enden wollende Verlobungszeit mit Daisy zum Anlass, seine kruden Vorstellungen von Unschuld und Romantik mit der grausamen Realität zu vergleichen. Doch Entenhausen ist eben nicht die wirkliche Welt. Entenhausen ist kein Spiegelbild Amerikas, kein Abbild der Realität. Nur in Entenhausen kann Onkel Dagobert im Gelde schwimmen, nur hier sind notorische Wiederholungstäter wie die Panzerknacker sozial perfekt integriert und nur hier unterscheiden Dauergewinner wie Gustav Gans zwischen dem alltäglichen Glück und der nur scheinbar unendlichen Freiheit, die unendlicher Reichtum zu schenken vermag. Und nur hier, genau hier, kann einer wie Donald leben. In einem kleinen, baufälligen Haus, mit drei kleinen, ständig alles besser wissenden, ständig aus dem Pfadfinderhandbuch zitierenden Neffen, mit seinen kleinen, jedoch permanenten fi-

nanziellen Sorgen, seiner Arglosigkeit, seinem urplötzlich aufflammenden Mut und seiner puren Lust am Abenteuer. Der Gutmensch – denn ein solcher ist er auch als Enterich – schwankt ständig zwischen den beiden Polen „Selbstüberschätzung" und „Minderwertigkeitsgefühl". Seine Armut „bitter" zu nennen, wäre übertrieben, es sei denn man spürte in ihr die Bitternis der illusionslosen Erkenntnis. Tief innen weiß Donald, dass er eben nicht zu Höherem berufen ist – obgleich er sich genau dies in jeder zweiten Ausgabe seiner Abenteuer einreden will.
Wäre Donalds Leben in der Wirklichkeit angesiedelt, dann müsste man annehmen, einer wie er spräche dem Alkohol gern und in überreichem Maße zu. Denn dieser endlose Kampf ums Dasein, diese verzweifelte Suche nach der Rechtfertigung des eigenen Ichs – dies lässt sich im wahren Leben wohl nur ertragen, wenn man sich zumindest zeitweise aus dieser Realität verabschieden kann. Welchen Beruf hat er erlernt, welche Fähigkeiten nennt er sein eigen, welche Erfahrungen bringt er mit? Hartz IV-Empfänger müssen solche Fragen beantworten – zum Donaldisten fehlt ihnen allerdings der überreiche Erbonkel. Doch auch dieser scheinbare Quell der Hoffnung ist nur ein weiterer Born der Demütigung – selbst für kleine Beträge fordert Onkel Dagobert allzu gerne große Gefälligkeiten. Und so verharrt Donald Duck für alle Ewigkeit in der Pose des bemitleidenswerten Aufschneiders, des Möchtegernhelden, des leicht durchschaubaren Versagers. Na ja – kein Wunder bei einer Ente, bei der es nicht einmal für eine Hose reicht.

Homer Simpson – Tragödie der Durchschnittlichkeit

Es könnte lächerlich sein, wäre es nicht so tragisch: das Leben des Homer Simpson. Von seinen Eltern mit einem Vornamen ausgestattet, der hohe und höchste Weihen erwarten lässt, fristet dieser durchaus gutmütige Mann sein Leben in einer Mittelmäßigkeit, die jeden nur unwesentlich weniger duld- und fügsamen Charakter lange schon an die Grenzen der Verzweiflung getrieben hätte. Der gelbhäutige Vater dreier höchst unterschiedlicher gelbhäutiger Kinder nennt jenen Mann, dem es gelang, 72 Stunden lang Donuts zu essen, als einziges Vorbild. Er ist verheiratet mit einer Frau namens Marge, deren Frisur entfernt an die Bauverschalung des Eiffelturms erinnert, und lebt in einer Kleinstadt namens Springfield. Homer arbeitet in einem nahe gelegenen Atomkraftwerk, bezeichnet Fernsehen und Bier trinken – gerne auch kombiniert – als seine Hobbys, weiß, dass er so gut wie nichts weiß, und hegt für seinen offensichtlichen Mangel an Intelligenz und Wissen (Zitat: „Mit wie viel „t" schreibt man unschuldig?") auch noch einen gewissen Stolz, da er seine geistige Befindlichkeit wahrscheinlich – könnte er derartige Begriffe formulieren – „bodenständige Bauernschläue" nennen würde.

Von Gattin Marge mit einer Mischung aus Anhänglichkeit und Verachtung behandelt, von seinen Kindern ständig als Versager entlarvt, von Nachbarn Vorgesetzten und Bekannten – echte Freunde hat Homer nicht – in regelmäßigen Abständen gedemütigt, beschränkt sich sein Horizont auf die unmittelbare

Umgebung von Springfield und die Bescheidenheit seiner Träume verrät das vollständige Fehlen schöpferischer Fantasie. Außer sich selbst zu bemitleiden und ein Sammelsurium verachtenswertester Vorurteile ständig auf dem neuesten Stand zu halten, scheint Homer Simpson keine nennenswerten Fähigkeiten zu besitzen. Und würde es Marge nicht immer wieder gelingen, die Fassade des Bürgerlichen aufrecht zu erhalten, so wäre ein Abstieg in die Asozialität wohl unvermeidlich. Andererseits jedoch ist dieser schmale Grat zwischen Bürgertum und Verlierer für viele echte Landsleute der Simpsons der Highway ihres Lebens – ein Weg, gepflastert aus Bildungsverweigerung, Konservatismus und einem diffusen Gefühl für die angeblichen Werte der Nation. Und so läuft die Zeichentrickserie um Homer Simpson und seine Familie nunmehr schon über 15 Jahre im amerikanischen Fernsehen – ihre nicht enden wollende Beliebtheit beruht möglicherweise auf ihrer fatalen Nähe zur Realität des mittleren Westens. Gott schütze Amerika!

8. Verraten und verkauft

Maria Stuart – Schottlands Stolz und Bürde

Sie ist gerade mal ein Jahr alt und bereits von ihrem ersten Gatten „geschieden“: Maria Stuart. Ihr turbulenter Start ins Leben mag Sinnbild für ihr weiteres Dasein sein – Maria Stuart, Tochter der französischen Prinzessin Marie von Guise und des schottischen Königs Jakob V., wird zum Sinnbild des Umbruchs, zum Spiegel einer Epoche im Aufbruch, zum Stolz und zur Bürde ihrer schottischen Heimat.

Der Reihe nach – beginnend im Jahr 1542: Maria ist gerade eine Woche alt, als ihr Vater Jakob V. nach der Niederlage gegen eine englische Armee das Zeitliche segnet. Wenige Wochen später lässt der schottische Übergangsregent sie per Ehevertrag dem Sohn und Erben des englischen Königs Heinrich VIII. versprechen – just jenes Heinrichs, der soeben Marias Vater besiegt und in den Tod getrieben hatte. Eigentlich schlau eingefädelt: Der Vertrag soll für Frieden zwischen den ewig zankenden Engländern und Schotten sorgen.

Wiederum ein paar Monate später überlegen es sich die Schotten wieder anders, kündigen das Eheversprechen und Maria ist somit praktisch wieder geschieden. Wenige Jahre später – Maria wird auf Betreiben ihrer Mutter in Frankreich erzogen – wird sie dem französischen Thronerben versprochen,

heiratet diesen als 15-Jährigen und ist zwei Jahre später Witwe und Königin von Frankreich: Ihr kränkelnder Gatte namens Franz II. stirbt bereits im zarten Alter von 16 an der Schwindsucht.
Auf dem britischen Eiland liegt mittlerweile so einiges im Argen. In Schottland raufen sich die Calvinisten mit den Katholiken, in England hat sich die anglikanische Kirche per Dekret des Mehr-Frauen-Heinrichs endgültig zur Staatskirche gemausert und bekriegt die Katholiken ebenfalls und zu allem Überfluss kommt es auch zu ständigen Scharmützeln zwischen Engländern und Schotten, bei denen die religiösen Trennlinien großzügig übergangen werden. Zudem stirbt nun auch noch Marie von Guise und die ohnehin heillos zerstrittenen schottischen Clans taumeln am Rande eines Bürgerkriegs.
Viel besser – und das ist in diesen Stunden Schottlands einziger Trost – ist die Lage in England jedoch auch nicht, denn zum einen fühlen sich auch dort die Katholiken unterdrückt und zum anderen nennt sich dort nun eine Dame namens Elisabeth I. Königin. Sie ist die Tochter von König Heinrich VIII. und Anna Boleyn – der zweiten der insgesamt sechs Ehefrauen jenes meuchelnden Blaubarts. Da jedoch die katholische Kirche der Annullierung von dessen erster Ehe nie zugestimmt hat, gilt Elisabeth – zumindest für die Katholiken – als uneheliches Kind und damit als keinesfalls geeignet für die Königswürde: In Ermangelung anderer lebender Nachkommen sei deshalb Heinrichs Großnichte Maria Stuart doch eigentlich viel besser geeignet, den Titel zu führen. Aha. Wenn das nicht der ideale Nährboden für einen Konflikt unter Frauen ist – was dann?
Wie großartig trifft es sich angesichts dieser explosiven Gemengelage, dass Maria sich im Dezember 1560 als frischgebackene Witwe nach Schottland einschifft – eine schön anzusehende, intelligente und selbstbewusste Frau, von der nichts weniger erwartet wird, als die Einheit der Schotten

herzustellen, die Religionskonflikte zu beenden und möglichst auch noch die verhassten Engländer ein für allemal zu besiegen. Es sind schon Menschen an geringeren Erwartungen gescheitert.

Ihren ersten dicken Patzer begeht die junge Königin, als sie 1565 ihren Cousin Lord Darnley heiratet. Wir müssen ihr zugute halten, dass sie zu diesem Zeitpunkt gerade mal 22 Lenze zählt, denn sonst wäre es kaum zu erklären, dass eine gebildete Frau wie Maria auf einen solch eitlen und selbstgefälligen Trottel hereinfällt. Ungeachtet der eher geringen Geistesgaben ihres Gatten – diesbezüglich war die Königin auch bei Vorgänger Franz II. nicht eben verwöhnt worden – verleiht sie ihm den Titel *König von Schottland*, was vor allem die Calvinisten im Lande auf die Palme bringt. Zum einen ist Darnley katholisch, zum anderen wurde die Ehe auch nach diesem Ritus geschlossen – in Schottland ist das Grund genug für einen Aufstand. Dieser wird zwar niedergeschlagen, doch Darnley erweist sich in der Folgezeit als ebenso rücksichtsloser wie dämlicher Intrigant, so dass das Paar zwischenzeitlich vor dem Zorn der Calvinisten doch noch die Flucht ergreift und nur mit Hilfe eines Lord Bothwell die Krone behauptet. Jener Bothwell – eine durchaus stattliche Erscheinung, wenngleich auch eher als rücksichtslos verschrieen – wird Marias nächster Gemahl. Dass man Darnley im Garten eines Landschlosses erdrosselt vorfindet, darf in diesem Zusammenhang wohl als glückliche Fügung betrachtet werden. Zwar verdächtigt man Bothwell, der Mörder gewesen zu sein, doch die Spurensicherung steckt noch in den Kinderschuhen, DNA-Tests sind ebenfalls noch nicht erfunden und gesehen hat's auch keiner – der Mann kommt vorerst ungeschoren davon.

Dass dieser Protestant aber kaum drei Monate nach Darnleys Tod schon Marias nächster Gatte wird, sorgt bei den Clans für so viel Unmut, dass – wer hätte anderes erwartet – ein neuerlicher Bürgerkrieg ausbricht. Bothwell flieht nach Dänemark,

Maria wird zur Abdankung gezwungen und flieht nach England.
Nach England? War da nicht ...? Genau: In England sitzt Elisabeth I. auf dem Thron – jene Elisabeth, die den Katholiken als Bastard gilt. In Schottland war ihr die Cousine durchaus angenehm, doch jetzt wird sie zur Bedrohung. Elisabeth nimmt Maria unter Hausarrest, hält sie in diversen Schlössern gefangen. Alle Intrigen der Schottin scheitern – zuweilen entgeht die englische Königin der Katastrophe allerdings nur um Haaresbreite. Dennoch zögert Elisabeth, die sich entgegen der Schillerschen Darstellung niemals zu einem persönlichen Gespräch mit der Rivalin einfindet, diese hinrichten zu lassen. Das Risiko, die schottischen Herzen für eine Märtyrerin entflammen zu sehen, erscheint ihr als unverhältnismäßig hoch. Letztlich hat Maria Stuart ihren Tod dem eigenen Sohn zu verdanken. Dieser, einst mit Lord Darnley gezeugt, ist im Jahr 1587 bereits 20 Jahre alt und regiert schon seit geraumer Zeit als Jakob VI. überraschend erfolgreich in Schottland. Der junge Mann schließt mit Elisabeth einen Kuhhandel: Ich werde nach deinem Tod König von England – dafür beruhige ich meine Landsleute, wenn Maria hingerichtet wird. Jakob verspricht's – Elisabeth unterschreibt am 1. Februar 1587 das Todesurteil für Maria Stuart.
Am 8. Februar wird die schottische Königin hingerichtet. Dem anglikanischen Geistlichen, der sie in den letzten Minuten noch zum neuen Glauben bekehren will, fährt sie mit harten Worten in die Parade: Sie werde als Katholikin sterben. Vor dem Schafott rezitiert sie die lateinische Liturgie. In London feiern die Menschen, als die Nachricht vom Tode der schottischen Hoffnungsträgerin die Stadt erreicht – in Edinburgh, Aberdeen und den Highlands herrschen stille Wut und Resignation. Nach Elisabeths Tod im Jahr 1603 besteigt tatsächlich Jakob VI. von Schottland den britischen Thron – zumindest diese Rechnung ist also aufgegangen.

Georges J. Danton – „Zeig meinen Kopf dem Volk"

Am 5. April 1794 hebt ein bulliger Mann, dessen Gesicht hinter einer Maske verborgen ist, einen Kopf an den Haaren empor. Einen Kopf, den er soeben vom dazu gehörenden Körper getrennt hat. Der bullige Mann wartet nun – so ist er es gewohnt – auf den Schrei der Menge. Auf diesen rasenden Schrei, dieses orgiastische Hecheln, dieses blutrünstige Heulen, das bereits so viele seiner Arbeitstage versüßt hat, das ihm Anfeuerung und Rechtfertigung zugleich ist. Diesmal jedoch, so berichtet die Überlieferung, bleibt die Menge beinahe stumm. Nur ein kollektiver Seufzer, ein Stöhnen streicht über die dicht gedrängten, nach oben gewandten Gesichter hinweg – nicht unähnlich einem Windhauch, der die Ähren streift.

Der bullige Mann – sein Status als Henker ist dem geneigten Leser sicherlich nicht verborgen geblieben – hat nichts Unerlaubtes getan. Denn der Geköpfte hatte ihn vor der Hinrichtung höchstselbst um diese Geste gebeten. „Zeig meinem Kopf dem Volk – es lohnt sich", hatte Georges Jacques Danton dem Scharfrichter zugerufen, als er schon gekniet und seinen Nacken unter das Fallbeil der Guillotine gelegt hatte, und fürwahr – kaum jemals ward in einer solchen Lage ein weiserer Satz gesagt. Offensichtlich lohnte sich ein Blick in diese unregelmäßigen Züge, die – trotz oder vielleicht auch wegen ihrer Hässlichkeit – vor allem von Frauen so vergöttert wurden.

Geboren wird Georges Jacques Danton am 26. Oktober des

Jahres 1759 im Städtchen Arcis-sur-Aube. Bürgerlich ist seine Herkunft, seine Familie vermag ihm immerhin ein Studium in Paris zu ermöglichen und er wird Schreiber beim Prokurator – einer Art Bürgermeister – von Paris. 1789 schließt er sich der Revolutionsbewegung an – ja, seine mitreißenden Reden machen ihn zu einem Motor der Bewegung. Seiner Propaganda ist die Inhaftierung der königlichen Familie zu verdanken, auf seine Worte folgt die Erstürmung des Schlosses, der Tuilerien. Er übernimmt das Justizministerium, wird Führer der so genannten „Bergpartei" und erreicht im März 1793 die Einrichtung der Revolutionstribunale. Maßgeblich beteiligt ist er auch an der Bildung des so genannten Wohlfahrtsausschusses, eines der grausamsten Organe der jakobinischen Schreckensherrschaft.

Das Blutvergießen um seiner selbst willen lehnt Danton allerdings ab. Er, der Kompromissen gegenüber ebenso wenig abgeneigt ist wie kleinen Geschenken, der Politik als Geschäft begreift und dennoch stets anfällig für idealistische Schwärmereien bleibt, er tritt vehement für ein Ende der Massenenthauptungen ein. Für ihn ist die Guillotine lediglich Mittel zum Zweck – spätestens 1793 ist es ihm ein Anliegen, eine Politik der Versöhnung in die Wege zu leiten. Mit dem feindlichen Ausland führt er hinter dem Rücken der übrigen Revolutionäre Friedensverhandlungen und als er im Konvent auch noch versucht, das Leben von Königin Marie Antoinette zu retten, wird er als Revolutionsgegner verhaftet. Der Mann, dem 150 Geliebte angedichtet werden, stirbt unter jener Klinge, die er zuletzt bekämpfte, doch vergessen wird Danton nicht: Ein anderer großer Verlierer namens Georg Büchner setzt ihm mit dem Werk „Dantons Tod" ein Denkmal – eine Huldigung an die hässliche Lichtgestalt der Revolution.

Che Guevara –
Der ewige Revolutionär

Zunächst ein Bild: Ein Mann in zerlumpter Kleidung kniet auf dem steinigen Boden, der von kargem Wurzelgeflecht und sich an die Felsen klammernden, bedürfnislosen Pflanzen bedeckt ist. Berge bilden das Panorama ringsherum, schroffe Abhänge, steile Grate, denn auch wenn dies in unseren Breiten gerne vergessen wird: Kuba verfügt über ein echtes Gebirge. Über dem Knieenden steht ein anderer Mann, bärtig und mit ungekämmten, verfilzten, schulterlangen, dunklen Haaren. Sein Bart, dieser eine, sehr spezielle Bart, kräuselt sich bei näherem Hinsehen halbhoch die Wangen hinauf, schmiegt sich um das Kinn, wuchert dann mutmaßlich, doch schwer erkennbar, hinein in den steifen Kragen, den Hals hinunter. Der Mann mit jenem Bart hält eine Pistole in der Hand und spricht mit ruhiger Stimme zu dem Knieenden. Aus der Distanz einiger Schritte versteht man Worte wie „Revolution" und „Disziplin". Er spricht das Spanisch Südamerikas – weich, verwaschen, eine Sprache, die einlädt zu Zärtlichkeit und Rausch.

Die Szene wirkt fast intim, denn selbst jetzt, da der bärtige Mann die schwarze Pistole am Genick des Knieenden ansetzt, scheint er eher ein Prediger als ein Henker zu sein, scheint es gut zu meinen mit dem anderen, scheint weniger strafen denn heilen zu wollen. Doch als der Schuss schließlich fällt, da ist es wie bei allen anderen Exekutionen auch: Der Knieende fällt nach vorne, das Gesicht prallt mit einem hässlichen Geräusch auf dem felsigen Boden auf, der Widerhall der

Detonation schwingt einen Moment zwischen den Bergen hin und her. Verurteilter und Richter, Opfer und Henker – das Bild löst sich auf, doch wird es sich ab diesem Tag noch häufig wiederholen. Nur die Knieenden wechseln immer – der Mann mit dem Bart ist oft jener, der die Pistole hält.

An diesem Januartag des Jahres 1957, irgendwo in den kubanischen Bergen, verlieren die Revolution und Che Guevara ihre Unschuld. An diesem Tag wird aus dem Träumer, dem poetischsten aller Umstürzler, dem unverzagt sanften Kämpfer Che ein Mörder im Dienst der Revolution.

1928 wird Ernesto Guevara Serna im argentinischen Rosario geboren. Sein Vater ist ein linksliberaler Anwalt, nicht eben wohlhabend, aber sicherlich auch kein armer Schlucker. Sein Sohn beginnt 1947 ein Medizinstudium in Buenos Aires, schließt dieses 1953 erfolgreich ab und ... verlässt Argentinien. Der bevorstehende Militärdienst in der Armee des verhassten Staatspräsidenten Juan Domingo Perón ist der offizielle Anlass für eine Reise durch ganz Südamerika. Zusammen mit einem Freund reist er durch Wüsten und Dschungel, über eisige Passhöhen und winzige Straßen. Er wird geprägt, verändert, infiziert auf dieser Reise, denn er sieht das Elend Südamerikas, wie es kaum ein anderer aus seinen Kreisen je gesehen hat. In Bolivien hilft er in einer Lepra-Station, betreut und versorgt die Aussätzigen, gibt den Gutmenschen, der er in diesen Tagen auch wirklich noch ist. Er sieht das Leiden der Indianer und erlebt in Guatemala, wie die USA den Versuch einer Reform von links mittels CIA und Unterstützung einer Militärjunta kurzerhand beenden. Er verdingt sich als Fotograf und Hilfsarzt, als Pferdepfleger und Kellner – fassungslos im Angesicht des Elends, verstört ob der Ungerechtigkeit der Welt.

1955 trifft er in Mexiko einen Mann namens Fidel Castro. Auch dieser ist ein Getriebener, ein Verlorener, doch im Gegensatz zum jungen Che hat er ein ganz konkretes Ziel: Er möchte seine Heimat Kuba vom Joch des Diktators Batista befreien. Womit? Nun – die „Revolutionsarmee" umfasst schon 80 Soldaten. Reicht das? Das Volk wird sich uns anschließen. Und dann? Dann regieren wir. In welcher Form? Nun, der Kommunismus scheint eine gute Sache zu sein.

So oder so ähnlich könnte der Dialog zwischen diesen beiden Männern gelautet haben – die Reise des Ernesto „Che" Guevara ist damit vorerst zu Ende, er hat eine Sache gefunden, der er sich ganz und gar verschreiben kann. Er absolviert eine Art Guerillatraining und im Dezember 1956 findet sich die Revolutionsarmee nach abenteuerlicher Überfahrt auf kubanischem Boden wieder. Der Rest ist blutige, revolutionäre, verklärte Geschichte ...

Nach einem ersten blutigen Scharmützel mit einer Einheit von Batistas Armee bleiben ganze 18 Revolutionäre übrig, denen gerade so eben die Flucht in die Berge gelingt. Nach und nach scharen Che und Fidel in den kommenden Monaten weitere „Kämpfer" um sich – ausgebeutete Bauern, entrechtete Arbeiter, entrüstete Intellektuelle. Aus dem versprengten Häuflein von Möchtegern-Revoluzzern wird mit der Zeit tatsächlich eine Art Armee, die es sich sogar leisten kann, ihre Fühler bis nach Havanna auszustrecken, in den Vorortsiedlungen der Armen Stimmung zu machen.

In diesen zwei Jahren vollzieht sich die Wandlung des Che Guevara: Der Poet, der Schönling, der Träumer wird zum Disziplinfanatiker, zum *Commandante*, zum Henker. Nein, seinen Charme, seine Überzeugungskraft, sein rhetorisches Talent verliert er nicht – noch immer leuchtet das Feuer des Gerechten in seinen Augen. Doch mit Batistas Flucht zum Jahresbeginn 1959 verändern sich die Anforderungen an die Revolutionäre: Sie haben jetzt die Macht – sie müssen mit ihr umgehen. Fidel Castro übernimmt die Führung der neuen Regierung und Che, der populärste seiner Krieger, wird – ironischerweise – Industrieminister und Direktor der Nationalbank. Er spielt mit diesen Titeln und Positionen wie ein Kind, dem man eine übergroße Eisenbahn unter den Weihnachtsbaum gelegt hat. Ohne jegliches Grundwissen, ohne Gefühl für volkswirtschaftliche Zusammenhänge, ruiniert er die ohnehin darbende Wirtschaft Kubas binnen weniger Jahre. Zwar liebt das Volk ihn immer noch, weil er zu offiziellen Empfängen im offenen Hemd und zuweilen barfuß erscheint, weil er keinerlei Privilegien in Anspruch nimmt, sondern in einer Art spärlich möblierter Mönchsklause haust und schon mal bei der Ernte mithilft. Doch seine Verantwortung überfordert ihn sichtlich. 1962 gibt er sich ärgerlich über den Abzug der sowjetischen Atomraketen aus Kuba: Er hätte – so sagt er in einem Interview – den Abschuss in Richtung USA angeordnet, wenn er nur die Möglichkeit dazu gehabt hätte. „In der Revolution ist alles erlaubt", lautet Che Guevaras Credo seit den Tagen in den Bergen und getreu der Linie des Fidel Castro hört diese Revolution niemals auf.

1965 dann wirft der Herr Minister die Brocken hin. Er erklärt Fidel, dass nun andere Nationen seines leuchtenden Vorbilds bedürften, schart eine Hand voll Unentwegter um sich, rüstet sich mit einem stattlichen Vermögen aus den arg dezimierten Kassen der Nationalbank aus und beginnt den neuen Abschnitt seines Lebens in Afrika. Zwar sind ihm die dortigen Verhältnisse, Sprachen oder Gebräuche kaum vertraut, doch mit 105 Kubanern und einigen tausend unzufriedenen Kongolesen macht er sich dennoch auf, den Kongo vom Joch der imperialen Unterdrücker zu befreien. Schon der erste Feldzug endet kläglich – die rekrutierten Einheimischen erweisen sich als nicht eben schussfeste Kämpfer und Che zieht sich im November 1965 mit seinem demoralisierten Haufen zurück.

Bolivien heißt das nächste Ziel für den mittlerweile 38-jährigen Messias der Revolutionen, der den bewaffneten Kampf nunmehr als einzige Profession und Rechtfertigung für sein

Dasein betrachtet. Seit Danton hat es keinen mehr gegeben, der die unterdrückten Massen so sehr bewegt, den die Mächtigen so sehr gefürchtet haben. Die Geheimdienste beinahe sämtlicher westlicher Staaten sind hinter ihm her, die CIA versucht immer wieder Spitzel in seinen innersten Kreis einzuschleusen – vergeblich.

In einem Lager am Fuße der bolivianischen Anden versammelt Che wieder einmal eine Befreiungsarmee um sich – knapp 60 kampferprobte Haudegen folgen ihm auf seinen Irrwegen durch den Dschungel. Die Einheimischen zeigen sich allerdings alles andere als begeistert von der wilden Truppe, die ständig mit Maschinenpistolen herumfuchtelt und mit Dollars nur so um sich wirft. Als Che und die Seinen dann auch noch eine Polizeipatrouille in einen Hinterhalt locken und abschlachten, hat sich der Mann mit dem Bart seine eigene Grube gegraben. 650 bolivianische Elitesoldaten, ausgebildet und logistisch unterstützt von amerikanisches Marines, werden auf Menschenjagd geschickt – mit Hilfe der verängstigten Indios zieht sich nach und nach die Schlinge um Che und seine Truppe zusammen. Diese sind nach elf Monaten wilden Marodierens durch die tropischen Wälder des Andenstaates ohnehin schon ziemlich demoralisiert und auch der Nimbus des „Commandante" hat die Strapazen nicht unbeschadet überstanden. Etliche Kämpfer desertieren angesichts seiner fanatischen Disziplinvernarrtheit und seiner immer wiederkehrenden, an Irrsinn gemahnenden Sprüche vom Endsieg der Revolution – andere werden von Heckenschützen getötet. Am 8. Oktober 1967 ist der Rest der Mannschaft umstellt: Unweit des Dorfes La Higuera werden Che und die sechs verbliebenen Genossen gefangen genommen. Dorfbewohner sollen den entscheidenden Hinweis gegeben haben und auch ein vom bolivianischen Präsidenten ausgesetztes Kopfgeld dürfte eine nicht unerhebliche Rolle gespielt haben.

Unter nie ganz geklärten Umständen und noch bevor offizielle Regierungsvertreter aus La Paz im abgelegenen Winkel angekommen sind, wird Che Guevara 16 Stunden nach seiner Festnahme von neun Kugeln durchlöchert – angeblich, doch bis heute nicht beweisbar, wird der Mord am Gefangenen von der CIA angeordnet. Erstaunlich wäre dies nicht, hat doch Che Guevara immer wieder betont, sich im Falle seiner Gefangennahme einem internationalen Tribunal stellen zu wollen, um die Verbrechen der USA in Lateinamerika endlich öffentlich zu machen. Und weil die Amerikaner gerade in diesen Breiten nicht immer eine glückliche Hand bewiesen haben und weil Che Guevara den Status eines Popstars besitzt, dem die Jugend der Welt atemlos lauschen würde – weil dies alles so ist, hat die Weltmacht Amerika vermutlich kaum ein Interesse an einem öffentlichen Prozess. Die Version, die die Welt in diesen Tagen vom Tode Ches erreicht, lautet: Im Kampf gefallen.

Der schöne Tote mit den offenen Augen, der den verhassten Yankees den „totalen Krieg" und „viele Vietnams" versprochen hatte, wird der internationalen Presse vorgeführt, seine Hände werden abgehackt und per Express nach Argentinien geschickt: Mittels der dort amtlich verwahrten Fingerabdrücke sollen letzte Zweifel an der Identität des Leichnams ausgeräumt werden. Später wird er offiziell eingeäschert, doch wie so vieles, was nach dem Tode Che Guevaras behauptet wird, ist auch dies eine Lüge: 1997 wird nach dem Tipp einiger Indios das Skelett nahe dem bolivianischen Ort La Huigera entdeckt. Im Jahr 2001 beweisen DNA-Tests die Echtheit des Fundes. Die Knochen werden nach Kuba überführt und dort bestattet – im Lande der immerwährenden Revolution hat der ewige Revolutionär seine letzte Ruhe gefunden.

Rainer Barzel – Stasi-Opfer des Westens?

Es gibt Verlierer, die ihr Leben lang nie wirklich verstehen werden, warum sie zu den Verlierern gerechnet werden. Oder – anders ausgedrückt – warum sie eigentlich verloren haben. Man dürfte es Rainer Barzel nicht übel nehmen, gehörte er zu diesen.

Der Mann, der mit vollem Namen Rainer Candidus Barzel heißt und am 20. Juni 1924 im ostpreußischen Braunsberg geboren wird, ist bereits im vergleichsweise zarten Alter von 38 Jahren Minister. Der politische Frühstarter agiert zwei Jahre als Zuständiger für gesamtdeutsche Fragen, ist von 1964 bis 1973 Vorsitzender der CDU/CSU-Bundestagsfraktion und von 1971 bis 1973 auch Bundesvorsitzender der CDU. Vor allem aber ist er ein Kandidat, dessen Scheitern schon zu seinen Lebzeiten Legende ist.

Wir schreiben den April des Jahres 1972. Die große Koalition aus CDU und SPD ist dahin, es regiert eine SPD/FDP-Koalition mit Kanzler Willy Brandt. Im Bundestag jedoch bröckelt die sozialliberale Mehrheit und die Union nutzt einen Streit um die Ostpolitik, um ein so genanntes konstruktives Misstrauensvotum anzustrengen: Rainer Barzel soll zum Kanzler gewählt werden.

Was folgt, ist Geschichte. Obwohl die Union sich abgesichert hat, obwohl Probeabstimmungen knappe, aber eindeutige Mehrheitsverhältnisse ergeben haben, verlieren CDU und CSU die geheime Abstimmung der Abgeordneten. Ein fassungsloser Rainer Barzel gratuliert mit versteinertem Gesicht seinem

Widersacher – Willy Brandt lässt sich seinen Triumph ein knappes halbes Jahr später von den Bürgern bestätigen. Noch heute ist nicht restlos geklärt, wie es zur Niederlage der Union kommen konnte. Als wahrscheinlich gilt, dass die Stasi – der Geheimdienst der DDR – zwei CDU-Abgeordnete bestach, die dann gegen Barzel stimmten.

Für diesen bricht eine Welt zusammen. Seine eigene Fraktion stigmatisiert ihn als Verlierer und versagt ihm immer häufiger die Gefolgschaft. 1973 tritt er vom Amt des CDU-Vorsitzenden zurück. Als Bundesminister für innerdeutsche Beziehungen startet er 1982 ein Comeback, doch schon vor den Wahlen des Jahres 1983 scheidet er wieder aus dem Amt. Den Geruch des Verlierers wird der ruhige, eher nachdenkliche Barzel nie mehr los, seit eine einzige Abstimmung seine Laufbahn in ein Trümmerfeld verwandelt hat.

9. Verlassen

Christoph Kolumbus – Mit fliegenden Segeln ins Getto

Auf der Hitliste der 100 bekanntesten Persönlichkeiten der Weltgeschichte würde er wahrscheinlich noch heute unter den Top Ten rangieren: Christoph Kolumbus. Schließlich hat der Mann Amerika entdeckt, wobei die Ureinwohner jenes Kontinents heute nicht ganz zu Unrecht darauf verweisen, dass sie es durchaus vorgezogen hätten, noch eine Weile länger unentdeckt zu bleiben – zumindest so lange, bis das ach so zivilisierte Europa mit dem Begriff „Menschenrechte" etwas Konkretes zu verbinden wusste. Doch für die Verbrechen an den amerikanischen Ureinwohnern, den fälschlich als *Indianer* bezeichneten Menschen, lässt sich schwerlich Señor Kolumbus verantwortlich machen. Der 1451 in italienischen Genua geborene Seefahrer, der sich 1476 in Lissabon niederlässt und nach mehreren vergeblichen Anläufen die spanische Königin Isabella überredet, ihm eine Expedition zu ermöglichen, wird von einer Vision getrieben: Gestützt auf die seinerzeit aufkommende Erkenntnis von der kugelförmigen Erde, will er einen Seeweg nach Indien erkunden. Und zwar nicht – wie bislang üblich – inklusive einer beschwerlichen Umrundung Afrikas, sondern in Richtung Westen. Segele man nur lange genug, so werde Indien sicherlich auf diesem Wege eben-

falls erreichbar sein. Im Ansatz nicht ganz falsche – Vermutung. Drei Schiffe stellt ihm Isabella zur Verfügung, die *Santa Maria*, die *Pinta* und die *Niña*. Im August des Jahres 1491 verlässt die kleine Flotte den spanischen Hafen Palos und im Oktober stößt sie auf Land: Sieben Wochen lang werden die Seeleute von der Angst getrieben, über den Rand der Erdscheibe ins Nichts zu fallen, dicht balanciert man am Rande einer Meuterei. Doch eine Bahamas-Insel, die von den Einheimischen Guanahani genannt und von Kolumbus flugs in San Salvador umgetauft wird, ist die Rettung des wackeren Entdeckers: Man ist überzeugt, Inseln entdeckt zu haben, die vor der indischen Westküste liegen. Auch Kuba wird gefunden – in *Hispanola* gründet Kolumbus die Siedlung La Navidad.
Der Entdecker kehrt auf die iberische Halbinsel zurück – seine Heimkehr wird zum Triumphzug. Im September 1493 führt der flugs zum Admiral gekürte Kolumbus eine neuerliche, wesentlich besser ausgestattete Expedition ins gelobte Land, entdeckt die kleinen Antillen und Puerto Rico. Die dritte Reise (1498) führt zur Entdeckung Trinidads, der Orinoco-Mündung und der Insel Margarita und nun will der große Seefahrer es eine Weile mit der Politik versuchen. Die von seinem Bruder Bartolomeo neu gegründete Stadt Santo Domingo in Hispanola wird sein Domizil, im Auftrag der Krone soll er sich dort als Statthalter der „indischen" Provinz versuchen.
Bei seiner Ankunft findet er jedoch einen Teil der Kolonie in offenem Aufstand gegen seinen Bruder vor. Mangelnde Disziplin, die weite Entfernung von der Heimat, die Gier nach Gold und eine Mischung aus Angst und rassistischen Vorurteilen gegenüber den „gottlosen Heiden", den Eingeborenen, führen zu einer für Kolumbus bald nicht mehr beherrschbaren Situation. Zwar gelingt es ihm zunächst, die Aufrührer zu besänftigen, doch seine Versuche, die Indianer zum Christentum zu bekehren, scheitern und auch seine Suche nach Gold verläuft nicht erfolgreich. In Spanien sind in-

dessen Neider und Intriganten am Werk: Es gelingt ihnen, das Königshaus von der Notwendigkeit eines neuen Gouverneurs zu überzeugen. Francisco de Bobadilla wird ernannt, macht sich auf den Weg in den Westen und lässt sofort nach seiner Ankunft Kolumbus in Ketten legen und nach Spanien bringen. Dort wird er vom Königspaar ob seiner Verdienste zwar begnadigt, doch als Politiker ist er gescheitert. Sein unabänderlicher Abstieg hat begonnen.

Für seine vierte Reise, bei der er eine Westpassage nach Asien suchen soll – dass es sich beim neu entdeckten Land nicht um Indien handelt, hat man mittlerweile begriffen –, werden ihm nur vier schlecht ausgerüstete und marode Schiffe zur Verfügung gestellt. Dennoch startet er von Cadiz aus im Mai 1502 noch einmal in Richtung Westen. Doch ein Sturm vernichtet zwei seiner Schiffe und nach monatelangen Irrfahrten entlang der Küste Zentralamerikas auf der Suche nach der Westpassage gibt Kolumbus auf. Im Januar 1503 landet er in Panama und gründet eine Siedlung, die jedoch nach einer Meuterei der Mannschaft und aufgrund von Schwierigkeiten mit den Indianern wieder aufgegeben werden muss. Am 7. November 1504 betritt Christoph Kolumbus in Sanlúcar de Barrameda wieder europäischen Boden – er fährt nie mehr zur See.

Kolumbus ist nun schwer angeschlagen. Das Tropenfieber hat ihm schon während seiner glücklosen Zeit als Statthalter arg zugesetzt, jetzt schwächt es ihn derart, dass er kaum noch atmen kann. Das Königspaar ist der Meinung, man habe ihm schon genug Gunst erwiesen, und zieht sich von ihm zurück – der übrige spanische Adel hält den Emporkömmling aus Genua ohnehin für überbewertet. Kolumbus zieht sich in ein bescheidenes Haus im spanischen Valladolid zurück, in dem er zwei Jahre nach seiner letzten Reise stirbt – unbeachtet, vergessen von seinen Freunden und arm wie eine Kirchenmaus. Der Entdecker Amerikas kann sich zuletzt nicht einmal mehr ein Stück Brot leisten.

Das Urmel –
Ein Neutrum ohnegleichen

Es beginnt schon bei der Fragestellung: Wer oder was ist es? Ein Tier? Ein Überbleibsel? Ein Kunstprodukt? Oder vielleicht doch nur eine Metapher? Ist es männlich? Weiblich? Wer oder was waren seine Eltern, woher stammt es und aus welcher Zeit? Aufmerksame Leser seiner Abenteuer werden zumindest einige dieser Fragen beantworten können – Laien stehen ihm (ihr?) ratlos gegenüber: dem Urmel.

Dies Geschöpf mit der Nilpferdschnauze, dem langen, kräftigen Schwanz, den kümmerlichen, zu Krallen gebogenen Vorderpfoten, den zunächst winzigen, später beeindruckenden Schwingen, mittels derer es sich adlergleich in die Lüfte erhebt – dieses Geschöpf ist ein bedauernswertes. Angeschwemmt in einem Ei als blinder Passagier eines Eisbergs, ausgebrütet von sprechenden Tieren, Spielgefährte eines zischenden Warans und eines lispelnden Pinguins, aufgezogen und behütet von einem rosafarbenen Schwein mit Reinlichkeitsfimmel, belehrt von einem verschrobenen Professor, der mit Vornamen Habakuk heißt, und beeindruckt von einem handwerklichen begabten Waisenjungen, der auf den Namen Tim Tintenklecks hört, lebend auf einer einsamen, wenngleich warmen Insel – dies Geschöpf nämlich ist das einzige seiner Art. Ein Männlein, ein Weiblein – ein Neutrum ohnegleichen.

Spätestens seit Noah seine Arche baute, wissen wir, dass stets nur zwei Tiere eine Einheit bilden, dass Pärchen benötig werden, um den Erhalt der Rasse zu sichern. Wo steht geschrieben: „... und ganz am Ende schlüpfte noch ein einzelnes Urmel ins Boot"? Wie konnte sein Erfinder, ein Herr namens Max Kruse, ihm so gar keine Aussicht auf Partnerschaft mit auf die beschwerliche Lebensreise geben? Sogar ins All, auf einen fremden Planeten fliegt das Urmel und hofft, dort seinesgleichen zu entdecken – allein, es ist vergebliche Liebesmüh: Das Urmel ist das einzige seiner Art.

Mal ganz abgesehen von den Implikationen, die jener irgendwann unweigerlich einsetzende Zustand, den man gemeinhin als Geschlechtsreife bezeichnet, mit sich bringen wird: Ist es nicht unmenschlich, eine ganze Gattung von vornherein zum Aussterben zu verurteilen? Hat sich Max Kruse jemals Gedanken darüber gemacht, dass er durch die Erfindung einer Spezies auch für ihre Erhaltung verantwortlich ist? Hat er offensichtlich nicht, denn nichts liegt dem scheinbar alterslosen Urmel ferner als der Tod. Seit Jahren und Jahrzehnten geistert es durch die Kinderzimmer – zum virtuellen Leben erweckt durch die *Augsburger Puppenkiste*, Stoff für unzählige Vorleseabende und stets auf der Suche nach einem zweiten Ich. Glück auf, Urmel. Vielleicht irgendwo ... irgendwann? Wer weiß ...

Marilyn Monroe –
Der frühe Tod des traurigen Mädchens

Sie lebte ihr Leben, wie eine Kerze im Wind", dichtet der britische Barde Elton John für Marilyn Monroe – lange bevor er ebendiese Zeilen für seine verklärende Hymne an Lady Diana einfach noch einmal verwendet. Doch selbst wenn die als Norma Jean Baker im Jahr 1926 geborene amerikanische Leinwandgöttin dieses Plagiat der besonderen Art noch erlebt hätte, so wäre sie wohl kaum überrascht gewesen: Das Leben – und vor allem die Männer – hatten ihr immer schon übel mitgespielt.

Vaterlos wächst die kleine Norma Jean in Los Angeles auf. 1926 kommt sie zunächst zu Pflegeeltern, 1933 landet sie wieder bei ihrer leiblichen Mutter, die allerdings sehr labil ist und schließlich in eine Nervenheilanstalt eingeliefert wird. Zwei Wochen nach ihrem 16. Geburtstag wird Norma Jean mit einem Bekannten ihres Vormunds verheiratet – der Fabrikarbeiter Jim Dougherty ist ihr erster Ehemann. Während er bei der Handelsmarine dient, lernt sie den Fotografen David Conover kennen und wird von einer Model-Agentur unter Vertrag genommen. Erstmals lässt sie sich in diesen Monaten des Jahres 1943 auch ihr brünettes Haar bleichen.

Der Rest ihres Lebens ist heute schon amerikanische Geschichte und Legende zugleich. Geschichte deshalb, weil Norma Jean Baker ab dem 23. Juli 1946 – dem Tag, an dem die Filmgesellschaft 20th Century Fox sie unter Vertrag nimmt und zu *Marilyn Monroe* macht – zur berühmtesten und erotischsten Frau der Filmgeschichte wird. Weil sie mit dem

Baseball-Idol Joe DiMaggio und dem Dramatiker Arthur Miller zwei der bekanntesten Männer Amerikas zu ihren Ehemännern zählen kann. Weil ihre Nacktfotos im *Playboy* aus dem Jahr 1949 die Ära dieser Zeitschrift begründen. Und natürlich weil sie – angeblich – Affären mit zwei Männern hat, die für das aufstrebende, das politische Amerika stehen wie niemand sonst: John F. Kennedy und sein Bruder Robert Kennedy. Film-Geschichte machen zumindest einige ihrer Arbeiten: *Niagara*, *Blondinen bevorzugt*, *Fluss ohne Wiederkehr* und *Manche mögen's heiß*.

Und Legende ist ihr Leben deshalb, weil niemals zweifelsfrei und restlos aufgeklärt wird, ob sie die Kennedy-Brüder tatsächlich betört, tatsächlich ihr Lager mit ihnen geteilt hat. Legende ist es, weil sie im Luxus lebt, Glanz und Glamour ausstrahlt und ihr Kollege Clark Gable während der Dreharbeiten zu *Misfits* dennoch zu ihr sagt, sie sei „das traurigste Mädchen, das er je gesehen" habe. Jahrelang wird sie von den Studios und den Medien als dummes Blondchen, als willige Sexbombe, als naives Weibchen vermarktet – Regisseure und Liebhaber lieben und benutzen das Bild, die Projektion, die Illusion von einer Frau. Für die Person dahinter interessieren sie sich nicht. Jahrelang nimmt Marilyn Monroe regelmäßig Barbiturate und Amphetamine und so stirbt sie am 5. August des Jahres 1962 folgerichtig an einer Überdosis. Doch auch ihr Tod bleibt skandal- und legendenumwittert: Aufgrund ihrer Affären mit den Kennedys soll die CIA die Hände im Spiel gehabt, den tödlichen Cocktail gar gemixt haben, wird gemunkelt. Beweisbar ist dies nicht, sicher ist jedoch, dass Norma Jean, die Traumfrau wider Willen, dieses Objekt der Phantasien und Begierden, sehr einsam stirbt. Das unglückliche Mädchen ist gerade einmal 36 Jahre alt geworden.

Monica Lewinsky –
Flecken auf Kleid und Seele

Die Frauenbewegung kämpft seit Jahren dafür, dass Frauen nicht ständig auf ihre Männer reduziert werden. Insofern hat Monica Lewinsky der Emanzipation ihrer Geschlechtsgenossinnen mutmaßlich mehr geschadet als so mancher Mann, der dies ernsthaft versuchte, denn die am 23. Juli 1973 in San Francisco geborene Unternehmerin wird ihr Leben lang nur als die Gespielin des amerikanischen Präsidenten Bill Clinton im Gedächtnis der Menschen bleiben.
Monica Lewinsky ist 21 Jahre alt, als sie im Weißen Haus eine Stelle als Praktikantin erhält. Sie arbeitet fortan in der Zentrale der Supermacht in den USA, an jenem Ort, an dem höchst offiziell Geschichte geschrieben wird. Irgendwann in ihren ersten Tagen im Regierungssitz wird sie auch dem Präsidenten vorgestellt – eine Begegnung, die beider Leben verändert. Wie, wann, warum und auf welche Weise die sexuellen Begegnungen zwischen der jugendlichen Schwärmerin und dem immerhin noch jugendlich wirkenden Politiker stattfinden, soll an dieser Stelle nicht mehr ausgebreitet werden. Das geschieht in den Jahren 1997 bis 1999 bereits auf höchst unappetitliche und öffentliche Weise, denn Lewinsky erzählt ihrer Freundin Linda Tripp vom Verhältnis. Tripp wiederum – ganz gute Freundin – nimmt nach der ersten Überraschung die Telefongespräche auf Band auf und übergibt sie dem so genannten „Sonderermittler“ Kenneth Starr. Dieser, ein unerhört akribischer Schnüffler mit der Ausstrahlung eines Bürostuhls

und der Hartnäckigkeit eines Bullterriers, ermittelt bereits wegen anderer angeblicher Verfehlungen des Präsidenten. Eine Stripperin namens Paula Jones soll dieser einst belästigt haben, ein Grundstücksgeschäft im Heimatstaat der Clintons, Arkansas, wird ebenfalls unter die Lupe genommen. Für Starr sind die Tonbänder ein Glücksfall. Er nimmt sich die 21-jährige Monica Lewinsky vor, quetscht sie aus wie eine Zitrone. Gefühle, Scham oder gar Achtung vor der Privatsphäre anderer sind für Starr überflüssige Floskeln, vernachlässigbare Nebensächlichkeiten – er will Clinton moralisch diskreditieren und zum Rücktritt zwingen. Unterstützt wird er von republikanischen Senatoren und Kongressabgeordneten, denen der demokratische Präsident ob seiner Popularität, aber auch aufgrund seines Lebensstils ein Dorn im Auge ist. Die „moralische Revolution" rufen sie aus. Was in diesen Monaten und Jahren der 90er in und um Washington passiert, gemahnt zuweilen tatsächlich an einen Kreuzzug, der ohne Rücksicht auf Verluste geführt wird.

Bill Clinton streitet die Affäre zunächst ab, bezeichnet Lewinskys Geschichte öffentlich als erfunden. Erst ein blaues Kleid, auf dem Spermaspuren entdeckt werden – eindeutig präsidiales Ejakulat –, bringt die Wende. Clinton räumt sexuelle Kontakte zu Monica Lewinsky ein, gibt sich reumütig, bittet um Vergebung. Der Kongress leitet dennoch ein Amtsenthebungsverfahren gegen ihn ein, doch dieses endet im Frühjahr 1999 mit einem Freispruch: William Jefferson Clinton regiert das mächtigste Land der Welt über zwei volle Amtszeiten hinweg und tut dies erfolgreich.

Monica Lewinsky aber bleibt auf der Strecke: Die studierte Psychologin versucht, sich ins Privatleben zurückzuziehen, und scheitert kläglich. Tag und Nacht wird sie von Paparazzi verfolgt, die Medien stellen sie wechselweise als verführte Unschuld oder männermordenden Vamp dar und niemand interessiert sich für den Menschen Monica. Sie wird reduziert auf die Begegnungen im Oval Office. Ihrer Wahlheimat New York dient sie als eine Art Pausenclown und Aufziehpuppe. Jahre später versucht sie sich als Unternehmerin: Sie entwirft Handtaschen, beschäftigt einige Mitarbeiter. Interviews zum Thema Clinton verweigert sie. Nur als dessen Biographie im Jahr 2002 erscheint, meldet sie sich noch einmal öffentlich zu Wort. Denn der Ex-Präsident, dessen Ehefrau Hillary als größte Hoffnung der demokratischen Partei gilt, bezeichnet Miss Lewinsky in seinem 957-Seiten-Werk als einen „unangemessenen Kontakt" und die Affäre als einen „schrecklichen moralischen Fehler". Die ehemalige Geliebte wehrt sich mit den Worten: „Er stellt es so dar, als hätte ich mich ihm angeboten. Ich war das Buffet und er konnte dem Dessert nicht widerstehen. Aber es war eine beiderseitige Beziehung, mit allem, was dazu gehört." Mag sein, dass Monica Lewinsky die Wahrheit sagt, doch für die Wahrheit interessiert sich im Amerika der Bush-Regierung ohnehin niemand mehr. Lewinsky? Lewinsky? Das wird einmal ein Name sein, wie der von Lola Montez. Keine Person, kein Mensch, keine Frau: Eine Affäre – mehr nicht.

10. Vergessen

Stuart „Stu" Sutcliffe – Lost in Hamburg

Ob er sich selbst jemals als tragische Figur verstanden hat? Ob er dazu die Zeit noch hatte? Keine Möglichkeit gibt es mehr, ihm diese Frage zu stellen – Stuart Sutcliffe, geboren am 23. Juni 1940 im schottischen Edinburgh, wurde nicht einmal ganz 22 Jahre alt. Stuart „Stu" Sutcliffe war der fünfte Beatle.

Müssen Sie über die Beatles noch irgendetwas wissen? Jede Wette, dass die Combo aus Liverpool die einzige ist, bei der mehr als 50 Prozent der Weltbevölkerung die Namen sämtlicher Protagonisten kennen. Fragen Sie doch mal einen Chinesen nach den Rolling Stones. Mick Jagger, na gut, und dann? Aber wenn Sie denselben Mann nach den Beatles fragen, wird er von John und Paul, von George und Ringo radebrechen ...

Die Beatles also sind eine Legende. Sie erschaffen sich selbst in jenen frühen 60er Jahren, sind ernsthafte, weil einzige Konkurrenz zum King of Rock'n' Roll, zu Mister Elvis Presley aus Memphis, Tennessee. Die Fünf, ja die FÜNF, treffen sich in Liverpool, wo Stu und John einander am *College of art* begegnet sind. Nun ist es nicht etwa so, dass Stu diesem seltsamen, spillerigen, nervösen und irgendwie schrägen John Lennon hinterherliefe. Nein, es verhält sich eher umgekehrt: John überredet den begabten Maler, denn als solcher studiert

Sutcliffe in Liverpool, sich einen Elektro-Bass zu kaufen und der soeben gegründeten Band beizutreten. Vor allem ein Grund mag dafür ausschlaggebend sein: Stuart Sutcliffe ist ein ausnehmend hübscher junger Mann und John weiß schon in diesen frühen Jahren ganz genau, dass dies dem Erfolg der Formation kaum abträglich sein dürfte. Paul McCartney, George Harrison und ein Herr namens Pete Best ergänzen die Band – Letztgenannter wird 1962 von Ringo Starr ersetzt.

So wird Stuart Sutcliffe, der Maler aus Schottland, der sich gerne am abstrakten Expressionismus orientiert und Einflüsse von Nicolas de Staël und John Bratby in seinen ausdrucksstarken Gemälden verarbeitet, also plötzlich zum Musiker. Nicht, dass er dazu wirklich Talent gehabt hätte. Seine bescheidenen Fähigkeiten am Bass sind ihm selbst eher peinlich – er bevorzugt es, bei öffentlichen Auftritten mit dem Rücken zum Publikum zu stehen: Sein verkrampftes Fingerpicking möge bitte niemand näher in Augenschein nehmen. Die in und um Liverpool allmählich größer werdende Fangemeinde nimmt dies nicht krumm – im Gegenteil: Das Abgewandte wird ihm als liebenswerte Marotte, als hippe Attitüde angerechnet. Stu ist übrigens später auch der erste, dessen Frisur an einen Champignon gemahnt, und da er der Umschwärmte, der Angehimmelte, der Verehrte ist, imitieren ihn die anderen vier ganz einfach: Der Look der Pilzköpfe ist geboren.

Doch die Geschichte des Stuart Sutcliffe bleibt eine Short Story. Die Beatles spielen im Hamburger Star Club, stehen an der Schwelle ihres großen Durchbruchs. Auch Stu spielt in diesem Jahr 1960 noch mit, doch eine dunkelhaarige Fotografin im Publikum sorgt für das Ende der fragilen Kumpanei. Stu verlässt die Band, beteiligt sich nicht mehr an den ersten Plattenaufnahmen, die sie als *Beat Brothers* unter der Regie des Produzenten Bert Kaempfert noch in der Hansestadt machen, bleibt bei seiner geliebten Astrid, als die anderen schon längst wieder in Liverpool sind. Paul McCartney übernimmt von ihm

die Rolle des Bassisten und *Love me do* – veröffentlicht im Oktober 1962 – wird zum ersten großen Hit der Beatles. Ab jetzt säumen kreischende Teenager den Weg der Fab Four.
Stuart Sutcliffe ist zu diesem Zeitpunkt bereits seit einem halben Jahr tot: Am 10. April 1962 stirbt er an Hirnblutungen, die – so wollen es Gerüchte wissen – Spätfolgen einer Schlägerei in Liverpool sind. Wahrscheinlicher ist jedoch eine genetisch bedingte Veranlagung, doch für diesen unbekannten Pinselschwinger aus England macht im Hamburg der 60er Jahre niemand eine Obduktion. Erst spät kommt der fünfte Beatle zu posthumen Ehren: Der britische Filmemacher Ian Softley produziert den wunderschönen Film *Backbeat* – eine Hommage an das kurze Leben des schönen Stu und die Anfänge einer musikalischen Ära.

Werner Kohlmeyer –
Vom Recken zum Pförtner

Mal ehrlich: Gäbe es den Fußball nicht, so hätte kaum jemand je von einem Ort namens Kaiserslautern gehört. Doch dank König Fußball sind Begriffe wie *Rote Teufel* oder der *Betzenberg* selbst erklärten Gegnern des Ballspiels zumindest vom Hörensagen geläufig und ein Pfälzer Bub wie Fritz Walter brachte es dank seiner formidablen Fähigkeiten mit dem runden Leder sogar zum Status einer nationalen Ikone.

Wir schreiben das Jahr 1954. Die internationale Staatengemeinschaft hat sich gerade vom Zweiten Weltkrieg erholt, Deutschland gilt jedoch vielen nach wie vor als unerwünschte Nation. Bei der Fußball-Weltmeisterschaft in der Schweiz soll ein Neuanfang gestartet werden – hier will die Nationalmannschaft des westlichen Landesteiles versuchen, mit sportlich fairem Auftreten und möglichst ambitionierten Leistungen wieder durch andere Dinge als Bomben, Granaten und grauenhafte Verbrechen ins Bewusstsein der Weltöffentlichkeit zu gelangen. Mit Sepp Herberger verfügt man über einen echten Trainerfuchs, mit Helmut Rahn über einen gefährlichen Torjäger, mit Ottmar Walter über einen wuchtigen Angreifer, mit dessen Bruder Fritz über einen begnadeten Mittelfeldstrategen und mit Toni Turek über einen Torwart, den der legendäre Rundfunkreporter Herbert Zimmermann mit seinem Ausruf „Toni, du bist ein Fußballgott" frühzeitig in den Sportlerolymp erhebt.

Kein Fußballgott ist hingegen Werner Kohlmeyer. Er wird am

19. April 1924 im besagten Kaiserslautern geboren. Der eher untersetzte, bullige junge Mann mag sich lange nicht zwischen zwei sportlichen Leidenschaften entscheiden: der Leichtathletik und dem Fußball. Mit 17 Jahren wird er Pfälzer Meister im Fünfkampf, im selben Jahr debütiert er in der ersten Mannschaft seines FC Kaiserslautern. Zehn Jahre später steht er in der Nationalelf und auch an jenem 4. Juli 1954 ist er Bestandteil der Mannschaft, welche die hoch favorisierten Ungarn im Endspiel der Weltmeisterschaft im Berner Wankdorfstadion mit 3:2 besiegt. Zwei Tore schießt Helmut Rahn, einmal trifft Maxl Morlock, der Nürnberger. Fritz Walter führt Regie, Hans Schäfer hat die entscheidende Vorlage gegeben, Jupp Posipal legte über weite Strecken der Partie den gefürchteten ungarischen Sturmführer Puskas an die Kette und Toni Turek rettet den Sieg in der Schlussphase mit einigen schier unfassbaren Paraden. All dies weiß der Fußballfreund noch heute – über 50 Jahre nach diesem Tag. Und Werner Kohlmeyer? Zweimal rettet „Kohli“ für seinen bereits geschlagenen Torhüter auf und kurz vor der Torlinie, aufopferungsvoll rackert und kämpft er gegen die technisch weit überlegenen Gegner, ist sich für keinen Zweikampf und keinen weiten Weg zu schade. Erwähnt wird dies selten – Kohlmeyer ist einer, der eben auch irgendwie dabei war.

Aber auch Werner Kohlmeyer wird an diesem 4. Juli 1954 Weltmeister, auch sein Name findet Eingang in die Geschichte. Jahrelang gefeiert werden zwar eher die Rahns und die Walters, die Tureks und die Morlocks – doch selbst Kohlmeyers eher lokaler Anteil am Ruhm ist für ihn zuviel: Mit den vielen Schulterklopfern rund um seine Heimatstadt kommt er einfach nicht zurecht. Immer weniger Zeit verbringt er auf dem Trainingsplatz, immer mehr in diversen Kneipen. Zunächst wird er frei gehalten – seine Zeche bezahlt er mit Geschichten aus jenen Tagen in der Schweiz. 1960 beendet er seine Laufbahn als Fußballer, versucht sich als Trainer bei kleinen

Vereinen und scheitert. Der Alkohol hat ihn in dieser Zeit bereits fest im Griff – der durch und durch bodenständige Mann verliert genau jetzt allen Boden unter den Füßen. Von Frau und Kindern verlassen, versteckt er sich vor den alten Freunden, schlägt Hilfsangebote der einstigen Kameraden aus und trinkt sich tageweise ins Delirium. Erst Ende der 60er Jahre gelingt ihm eine Rückkehr zur Normalität: Ein Bekannter vermittelt dem nunmehr trockenen Kohlmeyer eine Pförtnerstelle in Mainz – zu spät: Die Jahre des Trinkens haben seinen Körper so sehr angegriffen, dass er schon 1974 stirbt – der Held von Bern wird gerade 50 Jahre alt.

11. Verlacht

Jürgen Hingsen – Alptraum Seoul

Er hätte im kollektiven Gedächtnis der Sportfans bleiben können wie ein Boris Becker, wie ein Max Schmeling, wie ein Michael Schumacher: erfolgreich, strahlend – ein geradezu wagnerianisches Bild von einem Mann. Jürgen Hingsen, Duisburger Adonis, der wahrscheinlich populärste Oberlippenbärtchenträger der bundesdeutschen 80er Jahre, ist in jener Zeit der erfolgreichste Zehnkämpfer der Republik. In einer Ära, in der viele noch immer an saubere Athleten glauben, bildet sein muskelbepackter Körper die Basis für einen steten Strom an Höchstleistungen. Zwar hat in den entscheidenden Momenten stets ein dunkelhäutiger Brite namens Daley Thompson die Nase vorn, doch zum einen liebt die Öffentlichkeit – zumindest eine Weile – auch den edlen Geschlagenen, zum anderen hat sich der Ruhrpott-Siegfried ganz akribisch auf die Olympischen Sommerspiele von Seoul im Jahr 1988 vorbereitet. Dort will er Daley Thompson endlich schlagen, dort will er ganz oben stehen. Zuzutrauen wär's ihm – so Volkes Meinung – durchaus.

Doch statt sich im Glanze des Triumphs zu sonnen, robbt der hünenhafte Leichtathlet nach seiner Rückkehr aus Korea durch Kübel von Spott und Häme, die man vor ihm ausgeschüttet hat. Denn Jürgen Hingsen ist in Seoul wegen dreier

hintereinander produzierter Fehlstarts beim 100-Meter-Lauf disqualifiziert worden. Drei Fehlstarts. Hintereinander. Beim allerersten Wettbewerb im Zehnkampf ... Die Fernsehnation verharrt zunächst entsetzt, um anschließend den *Trottel des Jahrzehnts* auszurufen.
Natürlich gibt es auch Gerüchte. Der kanadische Sprinter Ben Johnson ist just bei diesen Spielen von den Dopingkontrolleuren erwischt worden – will Jürgen Hingsen sich ein ähnliches Schicksal ersparen? Doch gegen diese Theorie spricht, dass eine vorgetäuschte Verletzung viel einfacher zu bewerkstelligen gewesen wäre, dass ein dreimaliger Fehlstart die absurdeste Peinlichkeit des Jahres war. Dies muss Hingsen bewusst gewesen sein und so gehen wir weiterhin davon aus, dass der sportliche Supergau, die olympischste aller Fehlleistungen, durch eine Mischung aus Anspannung und Übermotivation entstanden ist. Was bleibt, ist Mitleid – eine Art, im Gedächtnis zu bleiben, die man dem sympathischen Ruhrpottler gerne erspart hätte.

Ronald Schill – Ein Politguru wird zum Politclown

Wenn es in Deutschland je einen politischen Senkrechtstarter gegeben hat, dann ist das Ronald Barnabas Schill. Der 1958 in Hamburg geborene Jurist macht zunächst als Amtsrichter von sich reden. Wegen einiger Urteile mit Strafmaßen, die von vielen als maßlos übertrieben betrachtet werden, erhält er von Boulevardblättern den Spitznamen *Richter Gnadenlos*. Was andere als Beleidigung auffassen würden – als solche war dieser Beinamen schließlich auch gedacht – interpretiert Schill als Ansporn. Häufig gibt er Interviews, in denen er ein „Kartell strafunwilliger Jugendrichter" anprangert, härtere Strafen für Wiederholungstäter fordert und sich als Vertreter einer alttestamentarisch anmutenden Law-and-order-Justiz outet. Nachdem immer mehr seiner spektakulären Urteile der Überprüfung durch die nächsthöhere Instanz nicht standhalten und er selbst nur knapp einer Verurteilung wegen Rechtsbeugung entgeht, wird er im Jahr 2000 in die Zivilabteilung des Gerichts versetzt. In diesem Jahr gründet er die *Partei Rechtsstaatlicher Offensive*, die im Volksmund nur *Schill-Partei* genannt wird. Seine Gruppierung erhält im kriminalitätsgeplagten Hamburg bei den Wahlen im September 2001 auf Anhieb 19,4 Prozent der Wählerstimmen und bildet im Verbund mit CDU und FDP eine Koalitionsregierung im zweitkleinsten Bundesland. Im Wahlkampf kündigt Schill an, er werde für eine Halbierung der innerstädtischen Gewaltkriminalität innerhalb von hundert Tagen sorgen. Doch obwohl er als frisch gekürter Innensenator just für diesen Bereich der Politik verantwortlich zeichnet, bleibt sein Versprechen eine Luftblase. Dass Richter Gnadenlos nun in die Politik gewechselt ist, scheint Hamburgs schwere Jungs nicht weiter zu beeindrucken und auch dass er den Designer Luigi Colani für die Gestaltung neuer Polizeiuniformen gewinnen kann, hält den Beginn seines Abstiegs nicht auf. Zwar verhelfen ihm populistische Forderungen wie jene, dass verurteilte Sexualstraftäter nur nach einer freiwilligen Kastration wieder auf freien Fuß gesetzt werden dürfen, zu viel Anerkennung in bestimmten Wählerkreisen, doch selbst die Ovationen der hanseatischen Rechtsausläufer fallen nach ein paar Monaten eher zurückhaltend aus. Zu bescheiden liest sich seine politische Bilanz, zu lang die Liste der Skandale und Skandälchen. Im Bundestag greift Schill im Zuge einer Debatte Politiker aller Parteien scharf an, kritisiert vor allem die Ausländerpolitik und schlägt den Einsatz eines in Moskau verwendeten Betäubungsgases, unter dessen Einfluss 129 Terrorgeiseln starben, auch für den Kampf gegen den Terrorismus in Deutschland vor. Schließlich soll er sogar dem Hamburger Bürgermeister Ole von Beust gedroht haben, dessen angebliche Homosexualität an die Öffentlichkeit zu bringen. Diesen Vorwurf bestreitet Schill zwar, doch der einstige Amtsrichter ist politisch nicht mehr tragbar. Er wird als Innensenator und Zweiter Bürgermeister entlassen und am 16. Dezember 2003 schließt ihn sogar die *Partei Rechtsstaatlicher Offensive*, die er selbst einst gegründet hatte, aus. Zwar gründet er mit einigen Anhängern sofort eine neue Liste namens Pro DM, doch kommt er bei den vorgezogenen Neuwahlen im Februar 2004 nur noch auf 3,1 Prozent der Stimmen. Schill kündigt an, sich aus der Politik zurückzuziehen und aus Deutschland auswandern zu wollen. Bei den Zurückbleibenden fließen kaum Tränen, als der politische Haudrauf im Oktober 2004 tatsächlich das Land verlässt. Sein Ziel? Kuba.

Oliver Kahn – Der Missgriff des Titanen

Den *Titan* als Verlierer bezeichnen – darf man das? Natürlich, man muss es sogar, denn wenn die deutschen Fußballstadien jemals eine tragische Figur gesehen haben, dann jenen Oliver Kahn. Geboren im Juni 1969, wird der Badener in den 90er Jahren zum Inbegriff der deutschen Torwarttugenden. Unglaublich reaktionsschnell, mutig, trainingsbesessen und mit einem Körper ausgestattet, der so manchen Halbschwergewichtsboxer erblassen ließe. Bemerkenswert auch sein Temperament, das vor allem dann ausbricht, wenn er vermeintliche oder tatsächliche Verfehlungen seiner Teamkollegen entdeckt. Seit der Saison 1994 spielt er beim FC Bayern München – zuvor versuchte er nach besten Kräften den Kasten des Karlsruher SC sauber zu halten – und wird allein schon durch die Wahl seines neuen Vereins zum Hassobjekt für Millionen. Doch auch die ständig wiederkehrenden und in ihrer schieren Einfalt unerträglichen Vergleiche mit einem Affen, die Bananenwürfe in seinen Strafraum oder die Schmähungen gegnerischer Fans ändern nichts an der einen Tatsache: Oliver Kahn ist unumstritten der beste Torwart Deutschlands, wahrscheinlich sogar der gesamten Fußballwelt.

Bei der Weltmeisterschaft 2002 in Japan und Südkorea scheint sich diese Vermutung zunächst eindrucksvoll zu bestätigen. In einer Mannschaft, die außer dem sächselnden Mittelfeldtalent Michael Ballack keine echten Stars aufzuweisen hat und der im Vorfeld niemand etwas zutraut, wird Kahn zum Titanen.

Nur ihm ist es zu verdanken, dass das Team ins Endspiel einzieht, an ihm richten sich die Zaudernden und Zweifelnden auf, seine Paraden, Reflexe und allein seine animalische Präsenz im Tor lassen gegnerische Stürmer wahlweise erblassen, resignieren oder gar verzweifeln. Kahn ist auf dem Gipfel des Ruhmes angelangt: Asiatische Teenager haben ihm einen Götterthron frei geräumt, die *Bildzeitung* stellt ihn auf eine Stufe mit dem Papst und selbst die bisherigen Spötter schweigen angesichts seiner scheinbaren Omnipotenz. Das Finale dieser Weltmeisterschaft soll für ihn zur Krönung werden – der Titel zum orgiastischen Höhepunkt eines Lebens voller unterdrückter Leidenschaft und ausgelebter Widersprüche. Doch das Spiel gegen Brasilien wird für ihn zum Alptraum. Nach toller erster Halbzeit der deutschen Mannschaft lässt Kahn in der 67. Minute einen Schuss von Rivaldo abprallen – einen Schuss aus 16 Metern, den er bei 1000 Versuchen sicherlich 999-mal sicher unter sich begraben hätte. Diesmal jedoch springt der Ball von der breiten Brust des Welttorhüters zurück ins Feld und der brasilianische Wunderstürmer Ronaldo lässt sich die Chance zum 1:0 nicht entgehen. Das Spiel ist dadurch entschieden – die deutsche Mannschaft hat nicht mehr die Kraft, das Ruder noch einmal herumzureißen. Der Fehler des Leitwolfs hat auch die Moral gebrochen. Dass Ronaldo zwölf Minuten später noch ein zweites Tor schießt, geht beinahe unter. Nach dem Schlusspfiff sitzt Oliver Kahn auf dem Rasen, lehnt mit dem breiten Kreuz an einem Torpfosten und ist minutenlang nicht ansprechbar. In den nächsten Monaten folgen private Turbulenzen, ungewohnte Patzer – der Glanz des Titanen schwindet schneller, als man dies zu Beginn des Jahres 2002 für möglich gehalten hätte. Erst mit dem Titelgewinn 2004/2005 scheint der Keeper in die Erfolgsspur zurückgefunden zu haben. Wir bleiben am Ball ...

Troubadix –
„Nein, du wirst nicht singen"

Alterslos kommt er daher – der Barde aus dem kleinen gallischen Dorf der Unbesiegbaren. Geht es ums „Römerhauen", so darf er stets an vorderster Front mitmischen – seine Leier zerschellte mit Wucht schon an so manchem Helm. Doch will er seiner eigentlichen Berufung folgen – dem Gesang –, so werden ihm Knebel in den Mund gesteckt, die Arme gebunden und nicht selten findet er sich gar wehr–, hilf- und stimmlos an einen Baum gekettet, während seine vorgeblichen Freunde und Mitkommunarden an großen Tafeln sitzen und ausgelassen feiern. „Nein, du wirst nicht singen", lautet der Ruf, mittels dessen er systematisch unterdrückt und in seinen Rechten beschnitten wird.

Troubadix ist ein Kind des Texters René Goscinny und des Zeichners Albert Uderzo. Zusammen mit dem ungleich berühmteren Titelhelden *Asterix*, dessen Kumpan *Obelix* und solch illustren Gestalten wie *Verleihnix* (Fischhändler), *Automatix* (Schmied), *Majestix* (Häuptling) und *Miraculix* (Druide) bevölkert er im Jahr 50 v. Chr. das bereits erwähnte Dorf an der Nordwestküste der damals römisch besetzten Provinz Gallien. Troubadix' biographische Daten fehlen leider zur Gänze, so dass wir uns auf den kargen Einführungstext zu seiner mit stolzem Schnauzbart und verwegener blonder Haartolle ausgestatteten Gestalt beschränken müssen. „Die Meinungen über sein Talent sind geteilt: er selbst findet sich genial, alle anderen finden ihn unbeschreiblich. Doch wenn er schweigt, ist er ein fröhlicher Geselle und hochbeliebt..."

Die Qualität seines Gesangs aus heutiger Sicht zu beurteilen ist schwierig, gibt es die Reihe der Asterix-Hefte doch bislang nicht als Hörbuch. Aus manchen Indizien jedoch lässt sich schließen, dass der Barde schlicht und einfach seiner Zeit ein großes Stück voraus war. So bescheinigt ihm im Band *Asterix und die Normannen* ein junger Mann aus Lutetia – heute besser unter dem Namen *Paris* bekannt – immense innovative Kraft und dass Troubadix' ausdrucksstarke Stimme durchaus auf den großen Bühnen der großen Stadt reüssieren könnte. Tatsächlich: Troubadix' Songtexte erinnern zuweilen an die Sex Pistols (Zitat: „Aaiiiiiiiiiiuuuuuuuuu" und „Groohaaaaajuuuuuuuuuiiii", aus: *Asterix und Maestria*, Seite 47, Ehapa Verlag, Stuttgart) und dies wäre doch zweifelsfrei eine vorzeigbare Referenz. Spekulieren wir noch ein wenig kühner: „Anglisieren" wir seinen Namen in „True Bad-X", ernennen ihn zur Gallionsfigur einer neuen Punk-Welle und lassen ihn das Cover des *Rolling Stone* zieren. Eine Mischung aus Howard Carpendale und Billy Idol – Kultsänger des neuen Jahrtausends ... Doch ach: Statt in der glitzernden Welt des Showbusiness Fuß zu fassen, fristet unser Barde in seinem vorchristlichen Jahrhundert ein trostloses Leben in der Provinz, verkannt und belacht, umgeben von Menschen, die mit seinem Verständnis von Musik rein gar nichts anzufangen wissen. Ein Verlierer, fürwahr.

12. Entlarvt

Brutus – Mörderischer Sohnemann

So ganz einig sind sich die Quellen nicht: Die einen bezeichnen Brutus als Sohn des Cäsar, die anderen legen Wert darauf, dass er nur dessen Adoptivsohn sei. Wie auch immer – fest steht jedenfalls, dass besagter Brutus zunächst durchaus ein Freund und Unterstützer des lorbeerbekränzten Herrn Papa ist. Dieser macht ihn sogar zum Statthalter von Gallia Cisalpina, dem heutigen Norditalien, doch das Leben in der Provinz sagt dem eitlen und geltungsbedürftigen Römer nicht zu. Zurück in der Weltstadt – damals übrigens so ziemlich die einzige Metropole, in welcher ein vergnügungssüchtiger Dekadenzling genügend Ausschweifungen zur Auswahl hatte –, schließt sich Brutus einer Verschwörung der Senatoren gegen den ersten Imperator des römischen Weltreichs an. Seine Motivlage wird von den verschiedenen Geschichtsschreibern übrigens nie ganz erhellt – ob er auf die Nachfolge spekuliert, ob er sich vom allmächtigen Vater ungerecht behandelt fühlt oder ob er sich bestechen lässt, wird nie vollständig geklärt. Im März des Jahres 44 v. Christus jedenfalls gehört Brutus zu jener Handvoll Männer, die Cäsar auf dessen Weg in den Senatssaal auflauern und mit einer Unzahl an Messerstichen den Garaus machen. „Auch du, mein Sohn Brutus", soll Cäsar im Todeskampf noch geröchelt haben – so vermerkt es zumindest der Geschichtsschreiber Sueton. Dies darf jedoch durchaus bezweifelt werden, denn mit rund 50 Messerstichen im Leib tendiert das Mitteilungsbedürfnis eines Menschen gegen Null und man kann stattdessen von einer eher reduzierten Kommunikation ausgehen, die möglicherweise folgendermaßen geklungen haben könnte: „Aaarghhhhhhhhhhhh". Beweisbar ist dies freilich nicht.

Fakt hingegen ist, dass Brutus den Lohn für den Meuchelmord nicht genießen kann. Sein Heer unterliegt in den Nachfolgekriegen zwei Jahre nach dem Anschlag in Makedonien den Männern von Octavian und Antonius. Brutus hat ausgespielt, sein Ruf ist ruiniert, seine politische Karriere am Ende, seine Lage hoffnungslos: Er stürzt sich in sein Schwert.

Richard Nixon – Waterloo durch Watergate

Preisfrage: Welcher amerikanische Präsident beendete das US-Trauma des Vietnam-Krieges? Welcher große Staatsmann hatte ein Einsehen und ersparte den USA eine Endlosschleife dieses Desasters? Na, na ...? Ach, Sie haben die Überschrift gelesen und denken sich Ihren Teil? Sie haben Recht – es war Richard M. Nixon. Stellt man diese Frage jedoch dem einen oder anderen in einer lockeren Plauderrunde, dann erhält man die erstaunlichsten Antworten – von Eisenhower über Kennedy und Carter bis hin zu Reagan ist fast jeder vertreten. Nur Richard Nixon wird so gut wie nie erwähnt, fast so, als laste auf diesem Namen eine Art Fluch.

Nun ja, Fluch ist vielleicht übertrieben, doch tatsächlich sind in Amerika der Name und die Vita des 37. Präsidenten der Vereinigten Staaten bis zum heutigen Tag von einer Art tabuisierendem Nebel umgeben. Über Nixon sprechen auch politisch und historisch interessierte US-Bürger nun ungern und wenn sie es tun, liegt ein Hauch von Scham und Widerwillen in jedem ihrer Sätze. Hat Nixon das verdient?

Geboren wird der Mann, der mit zweitem Vornamen Milhous heißt, am 9. Januar 1913 im Städtchen Yorba Lina im amerikanischen Bundesstaat Kalifornien. Von der viel zitierten Lockerheit und dem legeren Lebenswandel des Westens jedoch bekommt der spätere Jurist und Republikaner nur wenig ab – er gilt vielmehr als ehrgeizig, strebsam, hochintelligent und ausdauernd. 1946 beginnt seine politische Laufbahn, als er in das Repräsentantenhaus gewählt wird. 1950 schafft er es in den Senat, zwischen 1953 und 1961 ist er unter Eisenhower Vize-Präsident der Vereinigten Staaten. 1960 allerdings kriegt seine Karriereleiter ihre erste schwere Delle – er verliert den Kampf ums Präsidentenamt hauchdünn gegen den jugendlichen John F. Kennedy und als er zwei Jahre später auch noch bei der Gouverneurswahl in Kalifornien scheitert, zieht er die Konsequenzen: Er tritt 1963 in eine New Yorker Anwaltskanzlei ein und versucht außerhalb der Politik Fuß zu fassen.

Doch das Fieber, der unbedingte Wille zur Macht haben ihn nicht losgelassen. 1968 kandidiert er im Auftrag der Republikaner noch einmal für das höchste Amt im Staat ... und gewinnt. Richard M. Nixon ist nun Präsident der Vereinigten Staaten, mächtigster Mann der westlichen Welt.

Er ist ein guter Präsident. Obwohl zunächst als Hardliner verschrien, betreibt er abseits aller ideologischen Scheuklappen eine nüchterne, nachvollziehbare und sinnvolle Außenpolitik. Seine Bemühungen um ein Ende des Wettrüstens zwischen den Blöcken, seine Staatsbesuche in Moskau und Peking inmitten des Kalten Krieges und sein Befehl zum Rückzug aus Vietnam verdienen Anerkennung. Doch all dies gerät innerhalb weniger Monate des Jahres 1972 in Vergessenheit.

Am 17. Juni 1972 wird eine Gruppe von fünf Männern verhaftet, die in das Hauptquartier der demokratischen Partei im Watergate-Gebäude von Washington eingebrochen war. Bei diesen Männern handelt es sich nicht um gewöhnliche Diebe – zumindest James W. McCord gehört einem Komitee ein, das für die Wiederwahl Nixons warb. Es gibt erste Gerüchte über Verbindungen ins Weiße Haus.

Zunächst werden diese Gerüchte noch als absurd abgetan. Doch als sich McCord bei seiner Vernehmung als ehemaliger CIA-Mitarbeiter ausweist, beginnen zwei Journalisten der angesehenen Tageszeitung *Washington Post* zu recherchieren. Bob Woodward und Carl Bernstein entdecken Erstaunliches: Mit

Unterstützung einer unbekannten Quelle, die nie enttarnt wird, jedoch mutmaßlich einem Geheimdienst angehört und sich *Deep throat* (Tiefe Kehle) nennt, finden sie nach und nach heraus, dass der Einbruch neben zahlreichen weiteren „dirty tricks“ offensichtlich von höchster Stelle organisiert wurde – Justizminister John Mitchell soll geplant und Präsident Nixon davon gewusst haben. Konfrontiert mit einer immens hohen Haftstrafe, falls er nicht mit den Behörden kooperieren würde, gibt McCord schließlich zu, dass das Komitee zur Wiederwahl des Präsidenten seine Finger im Spiel gehabt habe.

Der Druck auf das Weiße Haus wird immer größer. Ein Senatsausschuss untersucht die Angelegenheit nun offiziell, zahlreiche Stabsmitglieder der Regierung werden vorgeladen und verhört. Schon diese Anhörungen, die während des Sommers 1973 live im Fernsehen übertragen werden, haben eine für Nixon verheerende Wirkung. Einige der Vorgeladenen nämlich erzählen mehr oder weniger bereitwillig, dass das Ausspionieren des politischen Gegners praktisch zum präsidialen Alltag gehöre – es stellt sich heraus, dass die Gruppe der Einbrecher im Watergate-Haus dort war, um ein defektes Abhörmikrofon im Hauptquartier der Demokraten gegen ein funktionierendes auszutauschen. Als schließlich auch publik wird, dass alle Gespräche im Inneren des Oval Office, des Amtszimmer des Präsidenten, automatisch aufgezeichnet werden, verlangt der Untersuchungsausschuss die Herausgabe der Bänder. Nixon weigert sich, entlässt etliche der am stärksten belasteten Mitarbeiter, feuert schließlich auch diejenigen, die sich seiner Haltung widersetzen, und lässt zuletzt nur einige Tonbandabschriften abholen. Diese allein bestätigen jedoch schon Ungeheuerliches: Es wird offensichtlich, dass nicht nur etliche der engen Vertrauten des Präsidenten, sondern auch Nixon selbst sehr wohl von den Abhör- und Schnüffelpraktiken wusste, dass er diese sogar gebilligt und gefördert

hatte. Anfang August 1974 schließlich wird ein bis dato noch unbekanntes Tonband entdeckt, auf dem zu hören ist, wie Nixon und sein ehemaliger Stabschef Haldeman den Plan zur Blockierung aller Ermittlungen aushecken: Fiktive Gründe der nationalen Sicherheit wollen sie vorschieben. Dieses letzte Tonband wird als „smoking gun“ (rauchender Colt) bezeichnet – Nixon wird nun auch von seinen letzten Getreuen verlassen. Nur zehn Kongressabgeordnete hatten bis zu diesem Tag noch zum Präsidenten gehalten, nun erklären auch sie, einem Amtsenthebungsverfahren zustimmen zu wollen.
Am 9. August 1974 kommt Richard Nixon diesem Verfahren zuvor und tritt von seinem Amt als Präsident der Vereinigten Staaten zurück. Zwar werden anschließend die Anklagen gegen ihn nur noch halbherzig verfolgt und sein Nachfolger Gerald Ford, bisher Nixons Vize, begnadigt wenige Wochen nach seinem Amtsantritt gar seinen Ex-Vorgesetzten, doch die Laufbahn eines brillanten Politikers endet mit Schimpf und Schande. Der Mann, der so kühl taktieren konnte, hat jegliche Moral für den politischen Erfolg geopfert – Amerika ist fasziniert und schockiert zugleich.
Erst knapp zwei Jahrzehnte später beginnen die USA von *Tricky Dicky* wieder Notiz zu nehmen. Vor allem Vietnam-Veteranen erinnern daran, dass es jener Nixon war, der Ende der 60er Jahre das Blutvergießen in Fernost beendete – ein später Akt der Gnade für den größten Absteiger der amerikanischen Politik. Nixon stirbt am 2. April 1994 – es gab Ex-Präsidenten, an deren Tod die Nation mehr Anteil nahm.

Hans Karl Filbinger –
Der Marinerichter a. D.

Was damals Recht war, kann heute nicht Unrecht sein", sagt Hans Karl Filbinger im Jahr 1978 und zieht mit diesem Satz de facto einen Schlussstrich unter seine politische Laufbahn. Denn mit „damals" meint Filbinger die letzten Jahre des NS-Regimes und mit dem Wort „Recht" bezieht er sich auf die Rechtssprechung der deutschen Militärgerichte jener Zeit.

Filbinger muss zumindest in der Sache wissen, wovon er spricht, denn schließlich ist er im Jahr 1945 selbst zunächst Ankläger und später Richter in mehreren Prozessen gegen Angehörige der Wehrmacht. Traurige Berühmtheit erlangt – durch einen Artikel des Schriftstellers Rolf Hochhuth in der deutschen Wochenzeitung *Die Zeit* – vor allem jener Prozess gegen den Matrosen Walter Gröger. Der junge Mann wird kurz vor Kriegsende wegen Fahnenflucht auf Antrag des Anklägers Filbinger zum Tode verurteilt und am 16. Mai 1945 auch noch hingerichtet. Als „leitender Offizier" beaufsichtigt Filbinger die Exekution.

Nun mag manch einer einwenden, dass angesichts dieser schweren Tat der Begriff „Verlierer" für Filbinger nicht angemessen sei. Das ist richtig, doch da Hans Karl Filbinger über drei Jahrzehnte nach den Ereignissen des Jahres 1945 von seiner Vergangenheit als Jurist eingeholt wird, darf er durchaus auch als „Verlierer" gelten, denn im Jahr 1978 bekleidet der CDU-Politiker immerhin das höchste Amt im Musterländle – er ist Ministerpräsident von Baden Württemberg. Nach dem

Hochhuth-Artikel in der *Zeit* und den dadurch ausgelösten Debatten ist er als solcher jedoch untragbar geworden. Am 7. August 1978 tritt er zurück.

Dass Filbinger jedoch beileibe kein Terrorrichter war, geht in der öffentlichen Diskussion unter. In anderen Verfahren beeinflusste er nachweislich Zeugen, um entlastende Aussagen für die angeklagten Soldaten zu erhalten, in einem Fall verzögerte er offensichtlich ein Verfahren so lange, bis er eine Degradierung und Haftstrafe erreichte statt der zu erwartenden Todesstrafe wegen Zersetzung der Wehrmacht. Der Historiker Golo Mann spricht im Fall Filbinger von einer „meisterhaft konzentrierten Hetze“ und da man mittlerweile weiß, dass im Hintergrund auch der Geheimdienst der DDR an den Vorwürfen mitgestrickt hatte, ist dies heute wohl unstrittig.

Dennoch bleiben Fragen offen: Hätte Filbinger im Chaos der letzten Kriegstage nicht auch den Matrosen Walter Gröger retten können oder sogar müssen? Warum streitet er wochenlang ab, an Todesurteilen überhaupt beteiligt gewesen zu sein? Muss er die immens hohen moralischen Maßstäbe, die er an andere anlegt, nicht zuallererst an sich selbst anlegen lassen?

Seiner Partei gilt er heute als rehabilitiert. Er ist Ehren-Vorsitzender der baden–württembergischen CDU, gründete und leitete jahrelang das Studienzentrum Weikersheim und empfing zu seinem 90. Geburtstag im Jahr 2003 immerhin rund 130 Gäste aus Wirtschaft und Politik. Er beteuert heute, etlichen zu Unrecht zum Tode Verurteilten das Leben gerettet zu haben, doch jenes eine verlorene Leben des Matrosen Gröger beendet 33 Jahre später auch das politische Leben des ehemaligen Wehrmachtsoffiziers, des ehemaligen SA-Mitglieds und des ehemaligen Angehörigen der NSDAP, Hans Karl Filbinger.

Katrin Krabbe – Fräuleinwunder als „Mastkalb“

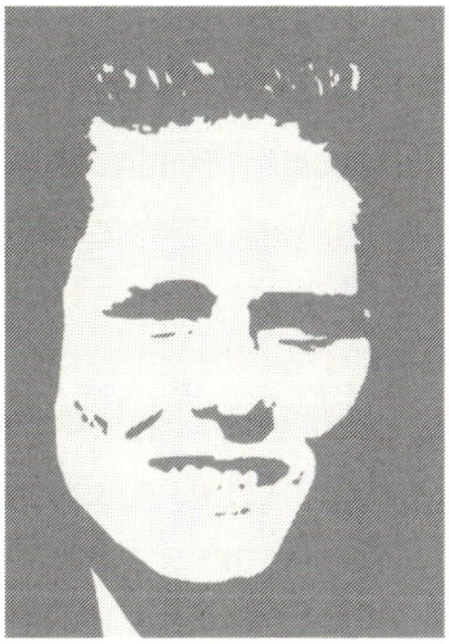

Blond, kühl und endlose Beine: Katrin Krabbe, in der DDR von einem linientreuen Menschenschinder namens Thomas Springstein zur besten Sprinterin Europas gedrillt, ist im Zeichen der Wiedervereinigung der Darling auch der westlichen Journaille. Bei der Weltmeisterschaft 1991 in Tokio zeigt sie der versammelten Weltelite über 100 und 200 Meter die anmutigen Hacken und strahlt fortan als Stern am Sprinterhimmel.

Der Schock folgt 1992. Bei Dopingkontrollen werden bei Katrin Krabbe und ihrer Trainingskollegin Grit Breuer Reste des Muskelaufbaumittels Clenbuterol gefunden. Dieses Präparat wird normalerweise gerne verwendet, um Kälber schneller reif für die Schlachtbank zu machen, doch Krabbe führt es geradewegs auf die Anklagebank der nationalen und internationalen Sportgerichtsbarkeit. Der deutsche Leichtathletikverband sperrt sie für ein Jahr, der internationale Verband für zwei weitere Jahre. Drei Jahre Pause? Gift für eine Sprinterin. Katrin Krabbes Karriere ist beendet, bevor sie so richtig begonnen hat.

Ironie des Schicksals: Obgleich Krabbe und wohl vor allem Trainer Springstein ganz offensichtlich versucht hatten, der Natur durch systematisches Dopen auf die Sprünge zu helfen, steht das besagte Mittel zum Zeitpunkt der Kontrolle noch gar nicht auf der Liste der verbotenen Substanzen. 2001 wird dies vom Münchner Landgericht bestätigt – Katrin Krabbe erhält Schadenersatz. Ihr Name jedoch wird zum Synonym für den ersten großen Doping-Sündenfall der deutschen Sportgeschichte.

Christoph Daum –
Bundestrainer „um ein Haar“

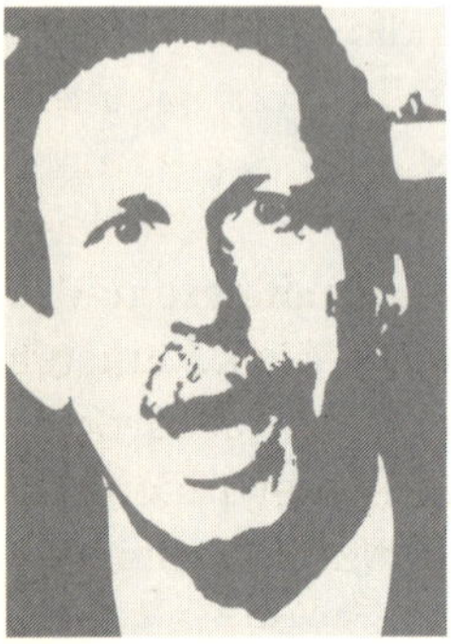

In der Türkei ist er ein Volksheld – in Deutschland wird Christoph Daum wohl nie mehr richtig Fuß fassen können. Der Fußballlehrer, der nacheinander den 1. FC Köln, den VfB Stuttgart, Besiktas Istanbul und Bayer Leverkusen zu ungeahnten Höhenflügen führt, gilt als Meister seines Fachs. Nach dem Debakel der deutschen Fußballnationalmannschaft bei der Europameisterschaft 2000 ist er erster und einziger Kandidat für den neu zu besetzenden Posten des Bundestrainers.

Just in diesem Moment jedoch erscheinen diverse Zeitungsartikel, die den Trainer in Verbindung mit Zockern und Drogen bringen. In einer mittlerweile von Legenden umrankten Pressekonferenz beteuert Daum seine Unschuld und gibt sogar freiwillig eine Haarprobe ab – angeblich, um per Laborbericht zu beweisen, dass er niemals Drogen genommen hat. Was folgt, ist eine Sensation: Der Befund des Labors weist eindeutig aus, dass Christoph Daum vor kurzer Zeit noch Kokain konsumiert haben muss und das nicht zu knapp. So entsteht der Spötterspruch: „Um ein Haar“ wäre Daum Bundestrainer geworden.

Daums Geständnis, seine Verzweiflung kommen zu spät. Sein Verein Bayer Leverkusen lässt ihn fallen, der DFB lässt ihn fallen – in Deutschland ist er nun unerwünschte Person. In der Türkei, in der er mehrfach Meister wird, und in Österreich trainiert er seitdem mit wechselndem Erfolg – der Weg an die Spitze des deutschen Fußballs jedoch dürfte ihm auf immer verbaut sein.

13. Missverstanden

Kassandra – Recht gehabt, Pech gehabt

Es gibt sie in jeder Schulklasse und jedem Pfadfinderlager. Sie kommen in Proseminaren und auf Betriebsversammlungen vor, in Diskussionsrunden und politischen Gremien: die Besserwisser, die keiner leiden kann. Immer haben sie einen klugen Spruch auf Lager, immer weisen sie auf bestimmte Eventualitäten hin, stets haben sie einen tragbaren Kompromiss griffbereit. Das wirklich Üble an ihnen ist, dass sie häufig auch noch Recht haben. Es gilt deshalb auch die Faustregel: Je häufiger diese Leute richtig liegen, desto weniger kann man sie leiden.

Eine typische Vertreterin der Klasse der Siebengescheiten ist Kassandra. Die Tochter des Königs Priamos von Troja ist zwar wunderschön, hat aber die fixe Idee, in die Zukunft blicken zu können. Der Gott Apollon selbst habe ihr diese Gabe verliehen, wird behauptet, als sie sich aber konstant weigert, mit ihm zu leben, spuckt ihr dieser launische und recht jähzornige Zeussohn einfach in den Mund. „Igitt", mag der sensible Leser nun ausrufen und hat damit sicherlich nicht unrecht, doch es ist weniger der bakteriologische Befund, der Kassandra fortan Probleme bereitet, als vielmehr die Tatsache, dass Apollons unhygienische Attacke dazu führt, dass ihre Prophezeiungen niemand glauben mag.

Ihre spektakulärste Schlappe erleidet sie mit dem Trojanischen Pferd, vor dem sie ihre Landsleute warnt. Diese hören nicht auf sie, ziehen das kunstvolle Spielzeug in die Stadt und werden schließlich von den Soldaten, die sich in seinem Bauch versteckt haben, gemeuchelt. Kassandra versteckt sich angesichts der trojanischen Niederlage im Tempel der Athene, doch dort wird sie ausgerechnet vom marodierenden Gewaltmenschen Ajax entdeckt, der sie brutal vergewaltigt. Einzig der Griechenkönig Agamemnon, auch nicht gerade ein Muster an erfolgsorientierter Zielstrebigkeit, ist einigermaßen nett zur verhinderten Götterbraut, nimmt sie zu sich und beschert ihr immerhin noch ein paar erholsame Jahre als Geliebte an seiner Seite, bevor sie in Mykene mitsamt ihren beiden Söhnen und ihrem Gatten schließlich zum Opfer von Agamemnons beleidigter Gattin Klytaimnestra und deren Liebhaber Aigisthos wird.

Nero –
Ein unverdient mieser Ruf

Man kann von neuen Medien halten, was man will: Hätte es schon im alten Raum digitale Aufnahmegeräte oder wenigstens ein paar Videokameras gegeben, dann hätte Nero Claudius Caesar Drusus Germanicus Caesar – gemeinhin unter dem Kurznamen *Nero* bekannt – im Nachhinein nicht so einen miesen Ruf erhalten.

Denn solche Kameras, platziert an einigen günstigen Stellen in Rom, hätten zweifelsfrei belegen können, dass Nero nicht für den Brand der imperialen Hauptstadt verantwortlich gemacht werden kann – diese Brandstiftung wird ihm allerdings einige Jahrhunderte später – vornehmlich von christlichen Geschichtsschreibern – zur Last gelegt. Denen kann man diese Fälschung allerdings auch nicht so recht verübeln, denn schließlich behaupten ebenfalls später angefertigte Überlieferungen, Nero habe sich nicht unbedingt als Christenfreund erwiesen: Einige Christusanhänger hätten den Brand der verhassten Metropole, die sie gerne mit Sodom und Gomorrha verglichen, ein bisschen zu laut bejubelt. So dass Neros Berater sich bemüßigt gesehen hätten, dem Kaiser zu empfehlen, ein paar dieser Störenfriede zur Hebung der allgemeinen Moral abschlachten zu lassen. Dies habe Nero dann auch getan – rund 200 Männer und Frauen starben die unterschiedlichsten Märtyrertode. So sagt es also die Geschichtsschreibung, die Nero damit der ersten systematischen Christenverfolgung der römischen Geschichte beschuldigt. Tatsächlich jedoch ist in den Handschriften der Annalen des

Tacitus nicht von Christen („christiani"), sondern von „chrestiani" die Rede – von so genannten Wucherern also. Demnach hätte Nero also keinesfalls Christen jagen und töten lassen, sondern skrupellose Bauspekulanten verurteilt. Als das Feuer ausbricht, hält sich Nero nachweislich in seinem 50 Kilometer von Rom entfernten Geburtsort auf. Dass er tänzelnd durch die Flammen schritt und das Feuer gar besungen haben soll, ist schlichter Blödsinn.

Überhaupt scheint Nero eigentlich kein gewalttätiger Mensch gewesen zu sein: Seine Mutter Agrippina erzieht ihn zum Imperator. Kaum auf den Thron der Cäsaren gehievt, beginnt er jedoch, die schönen Künste zu fördern. Kriege lehnt er ab und nach und nach fehlen der Staatskasse die aus den bisherigen Feldzügen gewonnenen Kriegsbeuten. Dies mag einer der Gründe sein, warum Nero vor allem beim römischen Geldadel allmählich immer unbeliebter wird – der Nährboden für den Mythos vom schlechten Herrscher ist damit gelegt. Seine Mutter versucht ihn durch Intrigen und Bestechungen stürzen oder sogar ermorden zu lassen. Am 23. März des Jahres 59 wird stattdessen Agrippina selbst in ihrer Villa ermordet – ihr Sohn ist ihr zuvorgekommen. Ein Akt der Selbstverteidigung, der ihm jedoch bis zu seinem Tod Gewissensbisse und Alpträume beschert haben soll. Die Nero angelastete Ermordung seines Halbbruders Britannicus ist wahrscheinlich pure Fiktion: Der junge Mann soll an Schwindsucht gelitten haben.

Nein, ein furchtbarer Tyrann ist Nero nie gewesen. Er selbst sieht sich als Künstler, nimmt in Griechenland als Sänger an den Olympischen Spielen teil. Zurück in Rom, verliert der Schöngeist nach und nach jeden Rückhalt im Volk und flieht schließlich im Juni 68 aus der Stadt, um der drohenden Absetzung zu entgehen. Als sich Reiter seinem Zufluchtsort nähern, stößt er sich den Dolch in die Kehle – Ende seines Lebens, Beginn einer wüsten Geschichtsklitterung.

Michail Gorbatschow – „Wer zu viel will, den bestraft ...“

Schon zu seinen Lebzeiten bekommt sein Name einen mystischen Klang: Michail Gorbatschow. Er ist mutmaßlich einer der letzten Politiker, die mit friedlichen Mitteln die gesamte Welt entscheidend verändert haben. Er ist in Deutschland und Europa eine Art Held, ein Vorbild, ein Hoffnungsträger der besonderen Art. Die Zuneigung, die gerade die Deutschen ihm entgegenbringen, gemahnt in ihren Auswüchsen, ihrer vollständigen Kritiklosigkeit nicht selten an die Verehrung, die ansonsten heutzutage nur noch Popidolen zuteil wird – vergleichbar eigentlich nur mit der an Hysterie grenzenden verklärenden Bewunderung der Amerikaner für den ermordeten John F. Kennedy.
Wäre Michail Gorbatschow ein deutscher oder französischer, ein englischer, spanischer oder italienischer Politiker, dann würde er sich heute vielleicht im Glanze dieses Ruhmes sonnen, wäre in seiner jeweiligen Heimat wahrscheinlich eine Lichtgestalt, ein elder statesman, ein Mann des Jahrhunderts. Doch Michail Gorbatschow ist ein russischer Politiker und just in seiner Heimat trifft ihn das Sprichwort vom Propheten im eigenen Land. Wenig bis gar nichts gilt er den Russen, hat er doch einen Wandel bewirkt, der den einstmals mächtigen russischen Bären auf den Status einer verzichtbaren Größe reduziert hat. Oder – genauer gesagt – Michail Gorbatschow ist indirekt dafür verantwortlich, dass die Weltmacht Sowjetunion nicht mehr existiert.
Geboren wird Gorbatschow am 2. März 1931 im Dorf

Priwolnoje unweit der Stadt Stawropol. Nichts deutet in seiner Jugend darauf hin, dass er eines Tages die Welt aus den Angeln heben wird – im Gegenteil. Der intelligente und strebsame Schüler und Student kommt 1950 an die Moskauer Universität, studiert Jura, tritt in die allmächtige Kommunistische Partei (KPdSU) ein und macht von 1956 an Karriere in der Heimat. In Stawropol bekleidet er nacheinander mehrere politische Ämter, wird 1971 Mitglied im Zentralkomitee der Partei und 1980 sogar Vollmitglied des Politbüros. Im Westen kennen ihn bis zu diesem Zeitpunkt nur außergewöhnlich gut unterrichtete Politiker, Diplomaten oder Spione. Er fällt nicht auf – und fällt deswegen auch nicht rein.

Umso größer die Überraschung, als Michail Gorbatschow am 11. März 1985 zum Generalsekretär der KPdSU und damit faktisch zum mächtigsten Mann der Sowjetunion gewählt wird. Die Kommentare fallen verhalten aus – es ist eher eine gewisse Besorgnis zu spüren: Woher kommt der Neue, was hat er vor? Der Kalte Krieg ist noch nicht vorbei und das Wettrüsten in vollem Gange. Zwischen den Blöcken herrscht eine Art gespannte Ruhe – kein Wunder also, dass man den neuen Führer der Supermacht UdSSR mit einer Mischung aus Argwohn und Skepsis beäugt.

Und genau dies tut Michail Gorbatschow. Er lässt sich damit kaum Zeit, er gönnt sich keine Anlaufphase, er setzt seine Zeichen schnell und direkt. Im März ernannt, hält er im Oktober seine erste Aufsehen erregende Rede. Von *Glasnost* (Offenheit) und *Perestrojka* (Umgestaltung) ist da die Rede – der neue Mann an der Spitze des Staates wagt Ungeheuerliches. Kaum verklausuliert kritisiert er die Politik seiner Vorgänger und seiner Partei, plädiert für eine Annäherung an den Westen und eine wirtschaftliche Öffnung des roten Riesenreichs. Worte wie *Privatisierung* geistern plötzlich durch die Medien – selbst die bis dato stromlinienförmigen Presseorgane wittern die Morgenluft der neuen Zeit.

Es folgt eine umfangreiche Reform von Wirtschaft und Staat – die Verfassung wird umgekrempelt wie seit Jahrzehnten nicht mehr. Mit der Etablierung des Kongresses der Volksdeputierten, mit dem die einzelnen Sowjetrepubliken endlich eigene Stimmen im fernen Moskau bekommen, lässt Gorbatschow seinen Worten von der Demokratisierung weitere Taten folgen. Ein Hintertürchen lässt sich der „Macher" des *Moskauer Frühlings* allerdings offen: Er stellt sich als einziger Kandidat zur Wahl des Präsidenten jenes Volksdeputiertenkongresses und wird selbstverständlich auch gewählt. Weitreichende Vollmachten hat er sich damit gesichert und nicht wenige Beobachter argwöhnen nun, er werde dies – wie es seit der Zarenzeit in Moskau bei den Herrschenden Sitte ist – entsprechend ausnutzen.

Gorbatschow jedoch denkt nicht daran – im Gegenteil: 1990 reformiert er die Verfassung noch einmal, lässt Parteien zu und erschafft das Amt des Staatspräsidenten, das er übernimmt. Drei Jahre zuvor hat er auch außenpolitisch für einen Paukenschlag gesorgt: Er unterschreibt die so genannte Nulllösung – eine Vereinbarung zum Abbau aller Mittelstreckenraketen. Zum ersten Mal seit über vier Jahrzehnten erlebt das Wettrüsten eine wirkliche Atempause. So weit, so gut. Doch spätestens im Jahr 1991 muss sich der Mann mit dem flammend roten Muttermal auf der hohen Stirn wie Goethes Zauberlehrling vorkommen. Denn die „Geister", die er rief, die wird er nicht nur nicht mehr los – sie fallen geradezu über ihn her. Enttäuschte Kommunisten versuchen im August 1991 mit Hilfe einiger Militärs einen Putsch – dank des soeben gewählten neuen Präsidenten Russlands, Boris Jelzin, und der Unentschlossenheit in weiten Teilen der Armee scheitert dieser Staatsstreich jedoch. Für Gorbatschow aber ist allein der Umsturzversuch bereits eine Niederlage, hat doch sein größter Rivale im Rennen um die Macht in Russland, der besagte Jelzin, beim Volk entscheidend gepunktet.

Gorbatschow tritt nun vom Amt des Generalsekretärs der Kommunistischen Partei zurück, spürt er doch, dass in den Gremien der KPdSU diejenigen sitzen, die seinen Sturz am leidenschaftlichsten betreiben wollen. Echte Unterstützung findet er aber auch bei denen nicht, die er aus dem Schattendasein ihrer enttäuschten Hoffnungen und Träume gelockt hat: Aus den frühen Förderern seiner demokratischen Erneuerungsversuche sind allzu oft Profiteure der wirtschaftlichen Öffnung geworden – der anrollende Zug des Kapitalismus erlebt eine Fülle eifriger Trittbrettfahrer, denen Gorbatschows Reformen plötzlich nicht mehr weit und nicht mehr schnell genug gehen. Machtlos muss er mit ansehen, wie eine Sowjetrepublik nach der anderen ihre Unabhängigkeit einfordert und erhält – der Zerfall der Sowjetunion ist nicht mehr aufzuhalten.

Hat Gorbatschow dies vorausgesehen, einkalkuliert oder wenigstens geahnt? Kaum, denn selbst nach einer Volksabstimmung in der Ukraine, in der 90 Prozent der Bevölkerung für die Unabhängigkeit des Landes stimmen, versucht er noch, die Einheit des unionistischen Kunstgebildes zu beschwören. Zu spät: Der Flaschengeist namens „Freiheit" ist entwichen – den Stöpsel bekommt nun keiner mehr drauf.

So wird kurz nach dem gescheiterten Putsch die *Gemeinschaft unabhängiger Staaten* (GUS) gegründet – eine Art Übergang zwischen der alten Ordnung der Sowjetunion und der vollständigen Loslösung ihrer zahlreichen Satelliten. Die Staaten des Warschauer Paktes hat Gorbatschow übrigens höchstselbst in die Freiheit entlassen: Er verkündet öffentlich, dass alle sozialistischen Staaten den Weg einschlagen sollten, den sie selbst für richtig hielten. Ein Signal, das Ungarn, Tschechen, Rumänen, Bulgaren und Polen unterschiedlich schnell als Unabhängigkeitsangebot auffassen und annehmen.

Gehen wir noch einmal zurück: Im Oktober 1989 ist Gorbatschow zu den Feiern des 40. Jahrestages der Gründung der

DDR geladen. Den Deutschen in Ost und West ist er zu diesem Zeitpunkt schon Hoffnungsträger und Magier in einem und seine simple Feststellung „Wer zu spät kommt, den bestraft das Leben“ wird zum wichtigsten Satz in einem Jahrzehnt des Wandels.

Im geschichtsträchtigen Jahr 1991, ein halbes Jahr vor dem gescheiterten Putschversuch der russischen Kommunisten, sorgt Gorbatschow, mittlerweile mit dem deutschen Kanzler Helmut Kohl gut befreundet, dann auch für endgültige Klarheit in der deutschen Frage: Er unterschreibt die Ratifikation des so genannten 2 + 4-Vertrages und besiegelt damit das russische Einverständnis mit der Wiedervereinigung Deutschlands.

Gorbatschow, der Heilsbringer? Der Philanthrop? Der Messias? Nein, nein und nein – Gorbatschow ist kein Heiliger. Das Wettrüsten beendet er unter anderem auch aus reiner Notwendigkeit, denn die Kosten dafür treiben das Land allmählich in den Staatsbankrott. Seine Informationspolitik nach der Reaktorkatastrophe von Tschernobyl erinnert in ihrer verharmlosenden Rhetorik an die Betonköpfe der Stalin-Ära und auch der Rückzug der sowjetischen Truppen aus Afghanistan sollte nicht verklärt werden, sondern ist nur die logische Folge einer Politik der reinen Vernunft: Wie ein anderer großer Verlierer einst in Vietnam, Richard Nixon, so sieht auch Gorbatschow einfach ein, dass der Krieg im Süden nicht zu gewinnen ist, und so wie einst Nixon in Saigon, so versucht nun auch er, die Verluste beim Rückzug aus Kabul so gering wie möglich zu halten. Nein, idealistisch ist all dies nicht – es ist lediglich vernünftig. Ist aber das Resultat darum weniger wert?

Eine andere Eingebung, mit deren Verwirklichung er die wirtschaftliche Gesundung Russlands vorantreiben will, ist der Kampf gegen den Alkoholismus. Doch seine drastischen Steuererhöhungen für Wodka werden zum Bumerang: Seit dem Mittelalter dürfte es im Land nicht mehr so viele Schwarzbrennereien gegeben haben – durch schlecht gepanschten Fusel verlieren zwischen Leningrad und Wladiwostok Tausende ihr Leben. Gorbatschow rudert zurück, senkt die Wodkasteuer wieder, doch in der eigenen Bevölkerung hat er fortan den Ruf des humorlosen Abstinenzlers weg. Pech.

Nach Gründung der GUS tritt Gorbatschow auch vom Posten des Staatspräsidenten zurück. 1996 kandidiert er noch einmal für dieses Amt – vergeblich. Von der Welt gefeiert, wird er im eigenen Land mittlerweile als Ärgernis betrachtet, wird verantwortlich gemacht für die wirtschaftliche Schieflage der Nation, die doch schon lange vor seiner Amtsübernahme bestanden hatte, seinerzeit allerdings von den Kommunisten gnadenlos totgeschwiegen worden war.

Gorbatschows politische Karriere ist vorbei – nur ein paar Jahre hat er das flächenmäßig größte Land der Erde regiert. Doch diese kurze Zeit hat genügt, um der Welt ein neues Gesicht zu geben – mag Gorbatschow persönlich auch gescheitert sein, so ist ihm die Menschheit doch auf ewig zu Dank verpflichtet.

Ben Johnson – Verschleuderer der Unschuld

Man muss sehr vorsichtig sein, wenn man sich Ben Johnson literarisch nähert. Zu viele Chronisten, zu viele Aufbereiter seines Lebens und seiner Laufbahn haben sich bereits in Versuchung führen lassen vom Bildnis des bemitleidenswerten Getto-Boys. Seine Geburt im jamaikanischen Falmouth im Jahr 1961, seine vaterlose Emigration nach Kanada und nicht zuletzt seine dunkle Haut – all dies führt unweigerlich bei manchen zum Reflex der Legendenbildung. Unbescholten sei er gewesen, sagen sie dann, ein Verführter, ein Geblendeter, ein armer schwarzer Boy, der sich nach oben strampeln wollte und dabei Hilfe von weißen Mephistos bekam. So sagen sie und so ist es nicht falsch – allein, die ganze Wahrheit ist es nicht.

Ben Johnson ist schnell. Er gilt seit dem Jahr 1987 als der schnellste Mensch der Welt, denn Ben Johnson ist Sprinter. Natürlich ist jeder auf dem Motorrad, im Auto, sogar auf dem Fahrrad schneller als er und die Bezeichnung „schnellster Mann der Welt" lediglich ein Anachronismus, ein geseufzter Ausdruck unserer Sehnsucht nach den Möglichkeiten der Körperlichkeit, nach der Renaissance des Muskulären.

Dennoch: Ben Johnson ist schnell – er ist ein Sprinter. Nun sind Sprinter seit jeher keine einfachen Charaktere – so simpel sie auch denken mögen. Sie sind fixiert auf eine ganz bestimmte Perspektive, auf den Tunnelblick, der alles andere ausschließt. Nur diese schmale Röhre, diese hohle Gasse – man möge die literarische Entgleisung nachsehen – vermögen sie wahrzunehmen, wenn es darauf ankommt. Ihr Leben ist ausgerichtet auf die paar schnellen Schritte zwischen Start und Ziel, auf diese Explosion beim Start, diese Mobilisierung schlummernder Kräfte, diesen Wurf des Körpers in das schmale Band, das für den Schluss ihres Tagwerks, für das Ziel steht. Einem Sprinter erzählt man vor dem Rennen besser nichts von Fußball oder Frauen, nichts von Krisen oder Kritiken, man verschweigt ihm die ganze Welt außerhalb seiner schmalen Bahn. Ein Sprinter will nur eines: So schnell wie möglich von A nach B, er will die Frequenz seiner Schritte erhöhen, will Distanzen erfühlen und besiegen, will für einen kurzen Augenblick des Sieges, einem Habicht im Sturzflug gleich, über die Kunststoffbahn gleiten – scheinbar schwerelos, perfekt koordiniert im Zusammenspiel von Sehne, Band und Muskel. Dies, nur dies will ein Sprinter, diesem, nur diesem ordnet er sein Leben unter. Nein, einfach sind sie nicht.

Ben Johnson ist ein solcher Sprinter. Natürlich wird er verführt, als sie ihm Pillen geben und Spritzen setzen, natürlich wird er manipuliert von Menschen, die in ihm eine Lizenz zum Drucken von Dollars sehen. Doch er allein ist es, der so schnell wie möglich von A nach B will, er bemerkt die Unterschiede in der Schnellkraft, die Metamorphose seines Körpers. Natürlich macht er Krafttraining, natürlich arbeitet er hart, doch die Einstiche, die seine Betreuer setzen, die fühlt er trotzdem.

Fast quadratisch wirkt sein Körper in jenen Sommertagen des Jahres 1988 in Südkorea, als Ben Johnson sich anschickt, 100 Meter zur Unsterblichkeit zurückzulegen. Ein Jahr zuvor hat er einen Fabelweltrekord über diese Strecke aufgestellt, heute steigert er sich noch einmal. Wie eine Kanonenkugel schießt er über die Bahn, sein größter Rivale, der Amerikaner Carl Lewis, blickt fast ungläubig nach rechts vorne, dorthin, wo Johnson unfassbare zwei Meter vor ihm das Zielband zerreißt. Ben Johnson hat es geschafft, er steht auf dem Gipfel der Welt. Seiner Welt. Der Welt der Sprinter.

Zwei Tage später ist Ben Johnson ganz unten. Die Urinproben lassen keinen Zweifel zu, Ben Johnson war gedopt. Die Einnahme so genannter anaboler Steroide wird ihm nachgewiesen und scheinbar fassungslos steht die olympische „Familie“ vor dem größten Skandal ihrer Geschichte: Der Jamaikaner aus Kanada hat die Unschuld der Idee verschleudert.

Viele Fragen werden seither gestellt. War auch Carl Lewis gedopt? Waren es auch andere? Ist nur der Sieger ertappt worden? Vieles, was wir seither erfahren haben, spricht dafür, dass Johnson nur derjenige war, der sich erwischen ließ, jener, der am ungeschicktesten taktiert, am laienhaftesten gespritzt hatte. Zu spät hatten seine „Freunde“ die Mittelchen abgesetzt – zu einfach, zu eindeutig war der Nachweis der Illegalität zu erbringen. Fast möchte man Mitleid mit ihm haben, mit ihm, dem die Goldmedaille aberkannt wird, der drei Jahre Sperre absitzt, dessen Comeback gründlich misslingt. Fast gerät man in Versuchung, ihm die Naivität als Bonus anzurechnen, mit diesem „Aber die anderen haben doch auch“-Satz seine Verfehlung zu entschuldigen und den Gedanken der sportlichen Fairness ohnehin schon vor dem Auftritt Johnsons auf der Müllhalde der Geschichte abgelegt zu sehen. Die Versuchung ist groß, doch selbst wenn Ben Johnson nur der Ertappte unter den Sündern gewesen sein sollte, so ist er doch immer noch Täter und nicht Opfer, ist er doch immer noch schuldig im Sinne des Wettkampfs.

Ben Johnson ist kein Sprinter mehr. Doch von seinen Versuchen, sich beispielsweise als Konditionstrainer ein neues Leben aufzubauen, nimmt die Welt keine Notiz, dafür zollt sie keinen Respekt. Denn auch wenn Ben Johnson kein Sprinter mehr ist, so ist er doch dafür verantwortlich, dass die Olympischen Spiele der Neuzeit im Jahr 1988 auf jenen 100 Metern von Seoul endgültig ihre Unschuld verloren.

Berti Vogts –
A very schpäschl Coach

Warum dieser Mann gemeinhin als ein wahres Musterbeispiel für einen Verlierer gilt, ist ein Rätsel. Als Fußballer wird Hans-Hubert Vogts, genannt „Berti", Europa- und Weltmeister, gewinnt mit Borussia Mönchengladbach in den 70er Jahren etliche deutsche und einen europäischen Titel und erwirbt sich ob seines ebenso zielgerichteten wie erbarmungslosen Verteidigungsspiels den Beinamen *Terrier* mehr als redlich. Als Trainer dient er sich beim DFB nach oben, wird Coach der Nationalmannschaft, verliert nur 12 von 102 Spielen in seiner Amtszeit, wird 1996 gar Europameister und ... bleibt dennoch ein hoffnungsloser Loser. Der Bundes-Berti. Der Fußabtreter. Der deutsche Michel. Vielleicht ist es sein zurückhaltendes Auftreten, vielleicht sein mangelndes Geschick im Umgang mit den Medien – Berti Vogts will einfach nicht auf die Bühne der Sporthelden passen. Zum Rücktritt wird er nach der verpatzten Weltmeisterschaft 1998 genötigt, weitere Trainerstationen in Kuwait, Leverkusen und Schottland tragen ihm wenig Ehre ein. Er ist gewissenhaft und gutmütig, gründlich und genau – er ist so deutsch, dass selbst sein Englisch wie ein Dialekt seiner niederrheinischen Heimat klingt. In Glasgow gibt er Interviews, doch wenn er „schpäschl" sagt, liegen die Schreiberlinge kichernd unterm Tisch. Die Fachkenntnis vermag ihm niemand abzusprechen, doch für den Reporter einer englischen Boulevardzeitung hat er die Ausstrahlung eines Heizkörpers. Das wäre lustig, wenn es nicht so ungerecht wäre. Und so wahr. Sorry, Berti.

Bert –
Der Besserwisser aus der Sesamstraße

Mal ganz ehrlich: Wer braucht ihn? Pädagogik-Studenten anderer Epochen werden sich diese Frage sicherlich stellen und möglicherweise sollten auch wir dies tun: Wer braucht Bert?

Bert ist gelb. In erster Linie gelb. Und länglich. Irgendwie länglich. Darüber hinaus ist Bert aus unerfindlichen Gründen der beste Freund von *Ernie*. Bei Licht betrachtet, ist er wahrscheinlich Ernies einziger Freund, was insofern verwunderlich ist, weil Ernie eigentlich die freie Auswahl hätte. Oder – um es anders zu sagen – fast jeder würde sich darum reißen, Ernies Freund sein zu dürfen. Kein Wunder, denn obwohl auch Ernies rostrote Gesichtsfarbe gewöhnungsbedürftig und auch seine Kopfform (eine Art „Querformat") eher ungewöhnlich ist, versöhnt seine fröhliche Art mit diesen Äußerlichkeiten. Ernie ist ein Bewohner der Sesamstraße – wie auch beispielsweise ein riesiger, gelber Vogel namens *Bibo* oder ein zotteliger Allesfresser, den man Krümelmonster nennt. Bert wohnt dort auch, doch unterscheidet er sich von seinen Nachbarn sehr deutlich. Und ganz besonders deutlich unterscheidet er sich von seinem Kumpel Ernie. Ernie ist witzig. Bert nicht. Ernie versprüht frechen Charme. Bert nicht. Ernie ist neugierig und interessiert. Bert nicht. Ernie ist ein toller Kumpel. Bert nicht. Überhaupt nicht. Auf gar keinen Fall.

Denn Bert ist jener Mitschüler, mit dem wir nie etwas anfangen konnten. Er wusste schon damals viel mehr, als Kinder wissen sollten, und im Laufe unserer Schuljahre lernten wir seine neunmalkluge Geschwätzigkeit hassen. Er entwickelte schon Verantwortungsgefühl, bevor wir wussten, wie dieses Wort geschrieben wird, er gab sich wahlweise mahnend, weise oder nachtragend und war in Wirklichkeit immer nur eine Nervensäge. So ist Bert. Immer weiß er alles besser, er geht zum Lachen in den Keller, seine Versuche, witzig zu sein, sind so kläglich, dass ein einziger Mantel des Schweigens nicht ausreicht, um dies Elend zu verdecken. Seine Theo-Waigelschen Augenbrauen hebt er in einer derart unduldsam-arroganten Manier, dass es uns regelmäßig in apokalyptische Phantasien treibt, in denen enthauptete Handpuppen eine entscheidende Rolle spielen. Wir haben durchaus verstanden, dass Ernie und Bert einstmals uns und heute unsere Kinder belehren sollten und sollen, dass sie auf „spielerische Art" Wissen vermitteln, dass sie womöglich die ersten Pädagogen sind, die so etwas wie ein Konzept in der frühkindlichen Erziehung vorzuweisen hatten. Alles klar, alles einleuchtend, aber trotzdem ... Bert? Musste der sein? Wären nicht auch „Ernie und Ernie" möglich gewesen? Mehr coole Sprüche, mehr krächzendes Gelächter, mehr charmante Anarchie. Aber nein, es musste ja Bert sein ... Seufz. Ob er weiß, dass wir ihn hassen?